Pourquoi les Hommes adorent les *chieuses*

SHERRY ARGOV

Traduit de l'anglais (USA)
par Anne-Carole Grillot

City

Je dédie ce livre à
ma mère et à mon père.

Publié aux États-Unis sous le titre *Why men love bitches*

Couverture : Studio City
Illustrations intérieures : Belom

ISBN : 978-2-8246-0562-3
Code Hachette : 40 3342 2
Rayon : Développement personnel
Catalogues et manuscrits : www.city-editions.com

Dépôt légal : février 2015
Imprimé en France, premier tirage par France Quercy, 46090 Mercuès - n° 50595/

Sommaire

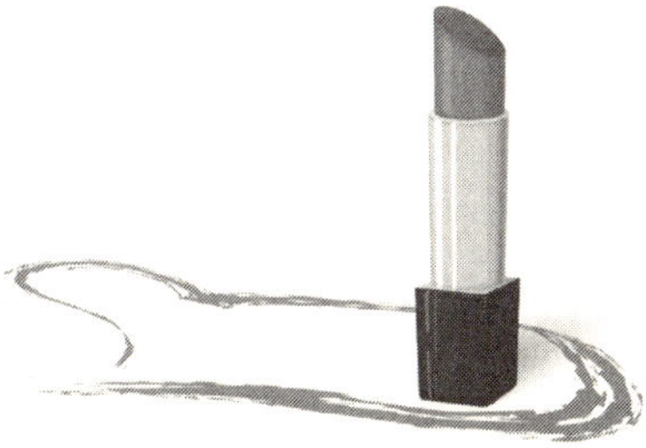

Introduction

Pourquoi les hommes adorent les chieuses est un guide à l'attention des femmes « trop gentilles ». Le terme *chieuse* ne doit pas être pris trop au sérieux – je l'utilise de façon ironique pour illustrer le ton humoristique de ce livre.

Ce guide des relations amoureuses résume tout ce que les femmes pensent mais n'osent pas dire. Un jour ou l'autre, nous avons toutes eu le sentiment désagréable d'être trop dépendantes d'un homme. Nous nous sommes toutes fait draguer puis larguer après avoir cédé. Nous avons toutes eu l'impression de faire partie du décor. Toutes les femmes connaissent ces problèmes, qu'elles soient mariées ou célibataires.

Alors, pourquoi les hommes aiment-ils les chieuses ? Rappelons que le mot n'a pas ici le sens péjoratif qu'on lui donne habituellement. Loin de moi l'idée de rendre les femmes caustiques. Je ne vous parle pas de la « chieuse hargneuse » ni du personnage malveillant que jouait Joan Collins dans *Dynasty*. Et encore moins de la « chieuse du bureau », que tous ses collègues détestent. La femme dont je vous parle est à la fois aimable et forte. Sa force est tout en subtilité. Elle ne renonce pas à sa vie et ne cherche pas à plaire aux hommes. Elle ne laissera pas son partenaire avoir une emprise totale sur elle. Et s'il dépasse les bornes, elle saura se défendre. Elle sait ce qu'elle veut mais ne fait pas de compromis pour l'obtenir. Elle a une main de fer dans un gant de velours et utilise sa féminité à son propre avantage. Cela dit, elle ne profite pas indûment des hommes, car elle joue franc jeu. Elle a un atout important par rapport à la gentille fille : sa *présence d'esprit*. Elle ne se laisse pas entraîner par des fantasmes romantiques. Cette présence d'esprit lui permet d'exercer son pouvoir lorsque c'est nécessaire.

En outre, elle garde son sang-froid même sous pression. Si la gentille fille donne sans cesse jusqu'à épuisement, la chieuse sait retirer son épingle du jeu au bon moment. Plus de 90 pour cent des hommes que j'ai interrogés pour écrire ce livre ont ri et confirmé le titre dès le début. Certains ont même eu le sentiment de révéler leur plus grand secret. « Les hommes ont besoin d'un défi intellectuel », ont-ils déclaré. Ils ont été quasiment unanimes sur ce point.

Les mots n'étaient pas les mêmes, mais le message était toujours le suivant : « Les hommes aiment les femmes qui ont du caractère. » J'ai pu tirer deux conclusions des centaines d'interviews que j'ai réalisées : les hommes utilisent régulièrement l'expression *défi intellectuel* pour décrire les femmes qui ne sont pas dépendantes. Et, dans leur esprit, le terme *chieuse* est synonyme de *défi intellectuel*. Cette notion représente la qualité qui leur plaît le plus.

Quand j'utilisais l'expression *défi intellectuel*, les hommes comprenaient immédiatement de quoi je voulais parler. Les femmes, en revanche, ne l'interprétaient généralement pas de la même façon. Elles pensaient à l'intelligence plutôt qu'à la dépendance. Ces interviews ont non seulement confirmé mon intuition mais renforcé ma résolution. Ce qui semblait si évident aux hommes ne devait plus être un secret pour les femmes.

Ainsi, ce livre dit aux femmes ce que les hommes ne leur diront jamais : « Ne sois pas une chiffe molle », « Ne sois pas toujours d'accord », « Ne me mets pas au centre de ton univers ». Aucun homme ne prononcera ces mots devant sa partenaire. C'est là toute l'utilité de ce livre…

Tout d'abord, sachez que l'amour n'est pas une affaire de look mais de comportement. Bien sûr, les médias veulent à tout prix nous faire croire le contraire.

Dans les magazines, toutes les adolescentes peuvent lire : « Attire son attention avec un top très tendance » ou « Ce rouge à lèvres va le faire fondre ». Résultat ? Elles sont obsédées par l'*approbation* des autres.

Ne croyez pas non plus les médias en ce qui concerne les effets de l'âge. Les adolescentes entrent dans leur vingtaine avec confiance, mais les médias les bombardent d'images négatives sur le vieillissement : deux rides, une vergeture et les voilà étiquetées comme un article de la saison dernière soldé moitié prix ! Résultat ? Elles sont obsédées par la *désapprobation* des autres.

Pour avoir un tant soit peu d'amour-propre, il faut donc *une pointe d'irrévérence*. Pas envers les autres, mais envers ce qu'ils pensent. La chieuse est une femme autonome, qui tire une force considérable de son indépendance d'esprit, en particulier dans un monde où ses semblables apprennent l'abnégation. Elle ne vit pas en fonction des critères des autres mais des siens. Elle applique ses propres règles avec un sentiment de liberté, de confiance et de responsabilité. C'est ce sentiment que j'espère transmettre aux femmes qui liront ce livre.

Une femme capable d'avoir des expériences positives avec les hommes a deux qualités subtiles : un grand sens de l'humour et une aura qui semble dire : « C'est moi qui tiens les rênes. Je vais où je veux et je m'arrête quand je veux. » Elle a la présence d'esprit de faire ce qu'il y a de mieux pour elle et montre à son partenaire qu'elle n'est pas avec lui par *nécessité* mais par *choix*.

La chieuse dégage une parfaite insouciance. Pourtant, elle a du caractère. Et c'est justement ce qui plaît tant aux hommes. Car ce caractère, elle ne le crée pas artificiellement de l'extérieur. C'est une qualité qu'elle porte en elle.

***Note :** certains prénoms mentionnés dans ce livre ont été modifiés à la demande des personnes interviewées.*

1

De la chiffe molle à la femme fatale

Montrez-lui qu'il a gagné le gros lot et il sera conquis

« La moitié du sex-appeal provient de ce que vous avez et l'autre moitié de ce que les autres *pensent* que vous avez. »

Sophia Loren

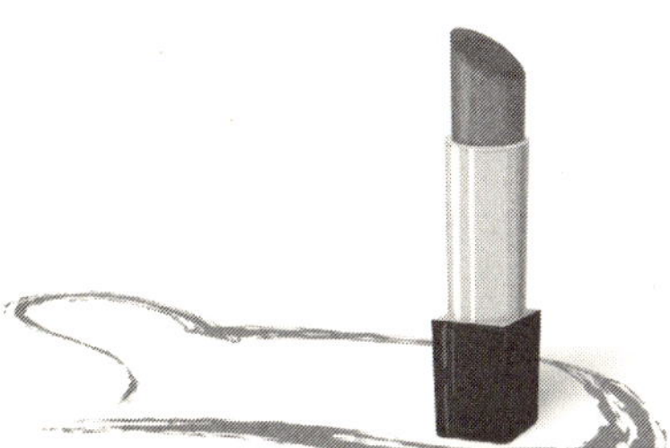

Qu'est-ce qu'une gentille fille ?

Vous voyez le profil de la « gentille fille » ? C'est le genre de femme qui surcompense en donnant tout à un homme qu'elle connaît à peine sans que celui-ci ait à s'investir dans la relation. La femme qui donne aveuglément parce qu'elle voudrait tellement obtenir les mêmes égards en retour. La femme qui fait tout ce qu'elle croit que son partenaire attend d'elle parce qu'elle veut préserver leur relation à tout prix. À un moment ou à un autre, nous avons toutes été cette femme-là.

Quand on lit les conseils ridicules que la presse féminine donne aux femmes en matière de relations amoureuses, on comprend mieux ce désir impérieux de surcompenser : « Faites-vous désirer, puis préparez-lui un dîner aux chandelles façon Nadine de Rothschild, avec de jolis sets de table. Pour accompagner le champagne, n'oubliez pas les fraises bio que vous avez mis deux heures à aller chercher. Servez-lui le tout au deuxième rendez-vous, dans un déshabillé en dentelle noire. » Suivez cette recette et c'est le désastre à coup sûr !

Principe de séduction n° 1

Suis-moi, je te fuis.

Un principe qui se vérifie, surtout si je suis un homme ! À un détail près : si tu me suis en déshabillé noir, je couche d'abord avec toi et je fuis ensuite.

Qu'est-ce qui fait fuir un homme dans ce genre de situation ? Il fuit parce que la femme laisse supposer, par son comportement, qu'elle n'a pas une haute opinion d'elle-même. Au début de la relation, les liens sont relativement superficiels. Et pourtant, elle a déjà abattu sa meilleure carte.

Son désir de surcompenser face à un homme qui lui est presque inconnu suggère deux interprétations possibles : soit elle est désespérée, soit elle couche avec tout le monde dès le premier soir. Ou les deux à la fois. Elle perd d'emblée toute reconnaissance pour ce qu'elle apporte. Or, une fois qu'un homme ne respecte plus une femme parce que celle-ci s'est subtilement mais volontairement dévalorisée, il n'a pas plus envie de s'en rapprocher. Déshabillé ou pas.

En revanche, la femme dont il va tomber amoureux – la « femme fatale » – ne se complique pas la vie pour l'impressionner. Elle n'organise pas de dîner aux chandelles. Elle ne sort pas non plus la porcelaine. Elle commence très simplement avec un sachet de chips. Pas de sets de table. Un Tupperware fera l'affaire. Elle demande simplement : « Tu veux le Tup' ou tu pioches dans le sachet ? » Six mois plus tard, elle prépare un repas et pose devant lui une simple assiette de pâtes. Et qu'est-ce qu'il se dit ? « Eh, elle fait des efforts pour moi ! »

Peu importe qu'elle ait acheté ses spaghettis bolognaise chez le traiteur du coin. Il déclare ému : « Ce sont les meilleures pâtes que j'aie jamais mangées de ma vie ! » Maintenant, il se sent comme un roi. Et la seule différence, c'est qu'il a consacré du temps et des efforts à cette relation. Il n'a pas tout eu tout de suite et il a davantage apprécié.

Principe de séduction n° 2

Les femmes qui obtiennent ce qu'elles veulent d'un homme ne sont pas nécessairement exceptionnelles. Seulement, elles savent feindre l'indifférence.

Il ne s'agit pas de manipuler un homme. Soit vous avez vraiment besoin de son aide, soit vous lui montrez que vous serez tous deux sur un pied d'égalité dans votre couple. Mais ne vous laissez pas marcher sur les pieds !

Que se passerait-il si, dès le premier jour, vous vous mettiez en quatre pour lui plaire ? Il penserait que vous êtes désespérée et il essaierait de voir jusqu'à quel point vous pouvez courber l'échine. C'est la nature humaine qui veut ça. Il se mettrait immédiatement à vous tester. Plus vous seriez malléable, plus il vous en demanderait. Et il ne tarderait pas à vous prendre pour une pile Duracell : « Jusqu'où va-t-elle aller ? Qu'est-ce que je peux encore en tirer ? »

La gentille fille doit apprendre ce que la chieuse sait d'instinct : la surcompensation ou la volonté démesurée de plaire ternit le respect d'un homme pour une femme. Elle porte un coup fatal au désir et fixe une date limite à la relation.

Pour la plupart des hommes, une femme qui se laisse mener à la baguette ne représente pas un défi intellectuel. Les femmes intelligentes font l'erreur de croire que, si elles ont un diplôme d'études supérieures et peuvent participer à un débat politique, elles procurent aux hommes une véritable stimulation intellectuelle.

Or, en réalité, le défi intellectuel n'a pas grand chose à voir avec la conversation. (Bien sûr, si vous confondez Al Capone et Al Pacino, là, il y a un problème !)

En général, le défi intellectuel se situe au niveau du respect auquel vous estimez avoir droit. Comment vous positionnez-vous par rapport à votre partenaire ? Lui montrez-vous que vous n'avez pas peur de vivre sans lui ?

La gentille fille est toujours disponible – à tort. « Je ne veux pas lui raconter d'histoires », dit-elle. Alors, elle lui laisse voir à quel point elle a peur de vivre sans lui et il ne tarde pas à considérer qu'il a une emprise totale sur elle. À ce moment-là, elle commence à se plaindre : « Il ne m'accorde pas assez de temps. Il n'est pas aussi romantique qu'au début. »

La chieuse, quant à elle, a une disponibilité sélective. Elle est parfois disponible, mais pas toujours. Cela dit, elle est aimable – assez aimable, au moment de convenir d'un rendez-vous, pour entendre ses préférences et *parfois* en tenir compte. Traduction : pas d'emprise totale.

Reste la femme qui lâche tout pour aller rejoindre son partenaire. Celle-ci laisse également la voie libre à une emprise totale. Après quelques rencards, il sort avec ses copains, rentre à minuit, lui passe un coup de fil, et elle va aussitôt le retrouver. Lorsqu'une femme court rejoindre un homme au beau milieu de la nuit, elle n'a plus qu'a ajouter sur le toit de sa voiture une enseigne au néon affichant : LIVRAISON GRATUITE.

Principe de séduction n° 3

Une femme représente un défi intellectuel pour un homme dans la mesure où celui-ci n'a pas l'impression d'avoir une emprise totale sur elle.

Le temps que vous consacrez à un homme est révélateur. Une semaine après avoir rencontré son partenaire, la gentille fille est assise dans un fauteuil et s'ennuie à mourir pendant qu'il fait quelque chose qui n'intéresse que lui. Il regarde le foot à la télé, nettoie son matériel de pêche, gratte sa guitare ou entretient sa voiture. Elle est triste mais ne dit pas un mot. Au contraire, elle essaie de profiter au maximum de sa présence et se tourne les pouces poliment juste pour être en sa compagnie.

La chieuse, en revanche, fait tout pour se faire remarquer. Elle n'arrête pas de râler. Ce n'est pas un défaut en soi, car il ne doit pas la confondre avec le papier peint mais, rappelez-vous, le défi intellectuel n'a rien à voir avec la combativité verbale. Ce sont les actes qui comptent. Jusqu'à quel point êtes-vous prête à renoncer à vous-même ? Par exemple, il vous dit qu'il aime les blondes. Or, vous avez le teint basané, les yeux noirs et les cheveux bruns. La prochaine fois qu'il vous verra, vous vous serez décoloré les cheveux et les sourcils à l'eau oxygénée. Résultat : il aura l'impression d'avoir une emprise totale sur vous.

On dit que l'amour d'un homme passe par son estomac. C'est vrai, mais personne n'a ajouté qu'il fallait trimer pendant six heures aux fourneaux. Les repas au restaurant ou les plats à emporter remplissent tout aussi bien l'estomac – et donc le cœur – de votre partenaire. Règle d'or : si c'est chaud, il mangera. Le reste n'est qu'efforts inutiles !

Les femmes ont été conditionnées pour renoncer à elles. Je n'ai encore jamais vu un magazine pour hommes publier un article expliquant comment préparer un dîner aux chandelles à une femme. Les journalistes de la presse masculine n'ont jamais été plus loin dans les recettes que le bol de germes de blé au blanc d'œuf qu'ils recommandent aux adeptes de la musculation.

Si j'aborde la question de la cuisine, c'est parce qu'il s'agit souvent d'un facteur de surcompensation pour les femmes. Cela ne signifie pas que vous deviez à tout prix vous abstenir de cuisiner. Peut-être est-ce l'anniversaire de votre rencontre et êtes-vous ensemble depuis tout juste un an. Peut-être est-ce son anniversaire. Dans ce cas, n'hésitez pas à lui préparer un petit dîner en amoureux.

Lors d'une occasion particulière, une fois qu'il l'a mérité, vous pouvez lui faire cadeau d'un bon repas. Mais ce n'est pas un cadeau si vous lui donnez dès le départ.

Puisqu'il s'agit d'un livre pour les femmes, je ne manquerai pas d'inclure quelques recettes destinées à agrémenter les premières semaines d'une relation. Mais vous n'aurez pas besoin de fiches. Ce sont des recettes très faciles à retenir…

AMUSE-GUEULE :

Mini-feuilletés à la carte

* Je vous recommande les mini-feuilletés surgelés, dont la préparation est à la fois simple et rapide. Déposez une feuille de papier d'aluminium sur la grille de votre four. Placez les mini-feuilletés sur la grille et enfournez celle-ci à mi-hauteur. Faites réchauffer les mini-feuilletés 12 à 15 minutes à environ 200 degrés.

* Ensuite, retirez-les un à un à l'aide d'une spatule. N'oubliez pas de mettre un tablier. Ce processus délicat

impressionnera votre invité. Si vous faites brûler vos mini-feuilletés, retirez les parties noires et ne servez que les parties jaunes.

PLAT PRINCIPAL :

Bouchées gourmandes avec canapés

* Faites bouillir une casserole d'eau et jetez-y deux saucisses de Francfort. Faites cuire les saucisses pendant cinq minutes, c'est-à-dire jusqu'à ce qu'elles soient fermes ou légèrement *al dente*. Servez un verre à votre invité avant de l'envoyer sur le balcon, où il pourra admirer la vue – l'ambiance compte beaucoup. Pendant qu'il ne regarde pas, coupez les saucisses en petites rondelles et plantez un cure-dents dans chaque morceau. Vous pouvez exprimer votre créativité avec tout un assortiment de cure-dents de différentes couleurs. Présentez les saucisses avec deux canapés servis séparément : au ketchup et à la moutarde. Et ne parlez jamais de rondelles de saucisses, mais uniquement de « bouchées gourmandes ».

* Maintenant, le dessert : gâteau roulé (acheté en supermarché) et café (instantané). Un chocolat à la menthe ajoutera la touche finale tout en finesse. Je vous recommande la menthe poivrée ou la menthe verte.

Le succès de votre dîner sera complet si votre invité insiste pour vous inviter au restaurant la prochaine fois. Jamais plus vous n'entendrez prononcer les mots : « Eh, qu'est-ce qu'on mange ? »

Si, au bout d'un certain temps, votre partenaire oublie et vous demande de lui faire à manger, proposez-lui votre spécialité : mini-feuilletés, saucisses, gâteau roulé, café et chocolat à la menthe pour faire passer le tout. Ensuite, commencez à vous préparer car il aura réservé une table pour dans une heure.

La chieuse n'est pas le genre de femme qui reste à la maison pour faire des heures supplémentaires et peaufiner ses techniques de « harponnage ». Elle estime que, dans un premier temps, il lui suffit d'être de bonne compagnie. C'est déjà plus qu'il n'en faut vis-à-vis de quelqu'un qui n'a pas encore fait ses preuves.

Au début, soyez très attentive : s'il ne lève pas le petit doigt lors de vos premiers rendez-vous, il annonce d'emblée qu'il n'aura rien à vous offrir à l'avenir. Ce comportement n'a rien à voir avec vous. Il ne vous remet pas en cause en tant que femme, mais il dépend en grande partie du visage que vous montrez. Vous faites des heures supplémentaires ? Peut-être votre partenaire a-t-il beaucoup à offrir mais peu d'occasions d'intervenir. Dans ce cas, il finira par retirer son épingle du jeu. La gentille fille qui surcompense semble dire : « Ce que j'ai à offrir ne suffit pas, et ce que je suis ne suffit pas. » La chieuse, quant à elle, transmet un tout autre message : « Ce que je suis suffit. C'est à prendre ou à laisser. » Comparons ces deux états d'esprit :

Je ne suffis pas	Je suffis. C'est à prendre ou à laisser
Elle l'appelle souvent et lui dit : « Rappelle-moi, s'il te plaît. »	Elle le revoit uniquement lorsqu'elle est libre.
Elle est à sa disposition comme une hôtesse de l'air débutante.	Elle le voit aux heures qui lui conviennent.

Elle montre que son objectif est d'avoir une relation amoureuse avant de bien le connaître.	Elle sort avec ses amis et ne fait pas de promesses à un homme qu'elle connaît à peine.
Lorsqu'il l'appelle enfin, elle lui reproche de ne pas l'avoir appelée plus tôt.	Lorsqu'il l'appelle, il a envie de savoir où *elle* est et pourquoi elle n'est pas là.
C'est souvent elle qui le rejoint.	Il passe la prendre ou fait en sorte qu'elle n'ait pas à se déranger.
Elle lui demande « Où en sommes-nous tous les deux ? »	Il ne sait pas où ils en sont tous les deux et elle ne lui donne aucun indice.
Elle lui parle de bébés.	Elle n'arrive pas à se souvenir de son nom de famille.
Elle lui demande comment était son ex.	Lorsqu'il évoque son ex, elle regarde sa montre.
= CHIFFE MOLLE	= FEMME FATALE

Tout commence dès le premier jour. Dès le départ, il essaie consciemment (oui, consciemment) de prendre la température et de voir *jusqu'où il peut aller pour s'en tirer à bon compte.*

L'usage du téléphone est très révélateur. Attendez-vous d'avoir de ses nouvelles avant de faire des projets ? Êtes-vous hors de vous lorsqu'il ne vous appelle pas, ne passe pas vous voir ou vous pose un lapin ?

Si vous pensez lui donner une leçon de ponctualité, vous vous trompez. Vous ne faites que lui montrer qu'il a une emprise totale sur vous, ce qui n'est pas très judicieux vis-à-vis de quelqu'un que vous venez de rencontrer.

La plupart des hommes font exprès de ne pas appeler, uniquement pour voir *comment vous allez réagir*. C'est un fait. Lorsqu'une femme est contrariée, il est facile de lire dans ses pensées. Les hommes peuvent facilement évaluer à quel point une femme a envie ou besoin de s'investir dans la relation en se faisant un peu trop discrets. Alors oubliez toutes les autres théories sur les raisons de leur silence.

Principe de séduction n° 4

Si un homme ne vous appelle pas, c'est peut-être uniquement pour voir comment vous allez réagir.

Il est naturel pour un homme de tester une femme pour voir jusqu'où il peut aller. On observe même ce comportement chez les enfants et chez les animaux. Il faut le savoir et s'y préparer.

Si les hommes se montrent distants, c'est aussi pour se rassurer. Un homme ne dira jamais à une femme : « Chérie, j'ai besoin d'être rassuré sur ce que je représente pour toi. » Il préfèrera se désinvestir pour observer votre réaction. Si vous réagissez avec émotion, il aura un sentiment de contrôle. Et plus aurez cette réaction, plus le défi intellectuel que vous représentez en pâtira. En revanche, s'il ne peut pas prévoir vos réactions, vous resterez un défi pour lui.

Ce comportement lui apporte également quelque chose dont il a absolument besoin : la liberté de respirer. Si vous n'avez aucune nouvelle de lui depuis un petit moment, montrez-lui que son silence n'a aucune répercussion sur vous. Ainsi, il ne saura pas s'il vous manque (c'est-à-dire, si vous avez besoin de lui) lorsqu'il n'est pas là. Et il aura une bonne raison de venir vous voir. Il n'aura pas l'impression que vous êtes perdue sans lui.

Essayez de ne pas dire des choses du genre « Pourquoi ne m'as-tu pas appelée ? » ou « Pourquoi m'as-tu laissée sans nouvelles pendant une semaine ? » Si vous faites comme si vous n'aviez rien remarqué (parce que le temps passe vite quand on ne s'ennuie pas), il viendra vous voir. Pourquoi ? Parce qu'il n'aura pas l'impression d'avoir une emprise totale sur vous !

Un magazine pour ados a récemment donné aux jeunes filles un très mauvais conseil : « Glisse des petits mots dans son sac ou dans sa trousse, ou bien écris-lui un poème et mets-le discrètement dans la poche de sa veste ». Mais ce n'est pas tout ! Comme si cela ne suffisait pas à rompre le charme… Le magazine recommande en outre de « le surprendre en lui faisant livrer une pizza ». Bien. Mélangez le tout et qu'est-ce que vous obtenez ? La recette miracle du détective privé qui ne le lâche pas d'une semelle.

Principe de séduction n° 5

Si vous êtes dépendante,
il ne s'intéresse plus à vous. Si vous
lui échappez, vous représentez un défi à relever.

Encore une fois, il ne s'agit pas de jouer au chat et à la souris, mais de comprendre la nature humaine et d'y adapter votre comportement. Un homme veut toujours ce qu'il ne peut pas avoir. Lorsqu'un homme rencontre une femme qui lui semble distante, c'est un véritable défi pour lui d'obtenir ses égards.

De même, lorsqu'il essaie de provoquer une réaction d'insécurité chez une femme, si celle-ci se comporte avec dignité et fierté, brusquement, la dynamique change. Il avait peur de s'engager dans une relation ? Il ne jure plus que par la vie à deux ! Il se surprend à rêver d'avoir une prétendue chieuse à ses côtés pour lui préparer un bon repas, plier ses chaussettes ou être aux petits soins pour lui. Mais si sa partenaire se montre dépendante de lui *dès le départ*, il n'attache aucune importance à tout cela.

Beaucoup de femmes font aussi l'erreur de se rabaisser. Lorsque vous sortez avec un homme, ne parlez sous aucun prétexte de la chirurgie esthétique que vous avez l'intention de subir ni du poids que vous voulez perdre. Ne cherchez pas les compliments. C'est le moment d'être sûre de vous.

Alors, quelle attitude adopter ? « Me voilà, dans toute ma splendeur… et ça ne sera jamais mieux que ça. » Inutile de dépenser une fortune chez un thérapeute. Répétez-le jusqu'à ce que vous parveniez à vous en convaincre. Vous finirez par y croire, et lui aussi.

L'humilité ? Ne vous inquiétez pas. C'est une maladie dont on guérit facilement, un petit dysfonctionnement psychologique. Si vous vous prenez en flagrant délit de modestie, d'humilité ou autre ineptie de ce genre, corrigez-vous immédiatement. Revenez en arrière et rappelez-vous que vous êtes canon. Point. Fin de l'histoire. Affaire classée. Si votre partenaire n'aime pas votre assurance, c'est son problème. Pourquoi ? Parce que *vous passez avant lui*, voilà pourquoi !

Exemple : avez-vous déjà entendu un homme dire que tous ses copains lui enviaient son ex ? Il en rajoute tellement que, quand il finit par vous montrer une photo d'elle, vous êtes abasourdie. La première réflexion qui vous vienne à l'esprit, c'est : « Chéri, on dirait que c'est elle qui avait le rôle principal dans *Lassie, chien fidèle*. » Mais vous ne dites rien parce qu'il court déjà à sa défense : « Elle était mieux en vrai. » Tu parles… c'est tout ce que tu trouves à dire ? « Elle était plus jolie, en fait. [Pause.] La photo n'est vraiment pas bonne, non, vraiment. » Oui, oui, c'est ça.

Les femmes doivent comprendre que ce que les hommes aiment en elles n'a pas grand chose à voir avec leur apparence. Dans l'exemple ci-dessus, tout se passe dans la tête : l'ex s'est comportée comme s'il avait gagné le gros lot et, aussi curieux que cela puisse paraître, il a complètement oublié la personne qu'il avait devant les yeux.

Principe de séduction n° 6

Les hommes adoptent envers vous l'attitude que vous avez envers vous-même.

De la même façon, une belle femme peut se rendre laide aux yeux d'un homme dès lors qu'elle manque d'assurance. Si un homme vous drague, c'est qu'il vous trouve attirante. Si vous savez vous faire discrète tout en affichant une certaine assurance, il vous trouvera merveilleuse.

Ne partez jamais du principe que vous n'êtes pas assez séduisante et que vous devez, par conséquent, surcompenser ou prendre les devants. Tous les goûts sont dans la nature. Ce qu'un homme trouve laid peut être beau pour un autre. L'apparence ne compte qu'au moment du premier rendez-vous. Ensuite, c'est par votre attitude que vous le séduirez ou non. Tout dépend de l'image que vous *donnez* de vous et donc de votre comportement.

Principe de séduction n° 7

Montrez-lui qu'il a gagné le gros lot et il sera conquis.

Les femmes se rabaissent aussi en se comparant aux autres. Ne dites rien lorsque vous vous sentez menacée par une autre femme qui entre dans la pièce. Si une femme vaut 6 sur une échelle de 10, il suffit de peu pour qu'un homme lui donne 12.

Montrez qu'elle vous impressionne et le tour est joué. Si, en revanche, vous faites comme si vous ne l'aviez pas remarquée, votre partenaire voit que vous avez confiance en vous et vous l'intriguez. Dès lors, l'autre femme n'a plus aucun avantage sur vous. Son pouvoir de séduction se limite à celui que vous lui donnez.

J'ai une amie, Samantha, qui a été invitée à un match de boxe local par un homme qui lui plaisait. Entre chaque round, une strip-teaseuse sexy et à peine vêtue venait brandir le numéro du round. L'amateur de boxe, après l'avoir dévisagée, a regardé Samantha comme pour ne pas la négliger. Et celle-ci a fait comme si elle ne se rendait pas compte qu'il les comparait.

Lorsqu'au round suivant la jeune femme est réapparue dans un déshabillé en dentelle transparent, Samantha s'est penchée sous le siège en demandant nonchalamment à son partenaire si elle pouvait boire une gorgée d'eau à sa bouteille. À aucun moment, elle ne s'est comportée comme si elle était menacée. Au contraire, elle a fait comme si l'autre femme n'existait pas. À la fin du troisième round, son ami ne faisait déjà plus attention à la strip-teaseuse du ring.

Résultat : il était follement amoureux de Samantha. Et, dans la voiture, il n'a pas cessé de lui dire à quel point il l'a trouvait belle. Il a continué à s'intéresser à elle et non à la strip-teaseuse qui surcompensait pour obtenir une attention *bien souvent éphémère*.

Si le comportement de Samantha a été exemplaire, le sien n'a pas été particulièrement romantique. Lorsqu'un homme vous emmène dans un endroit glauque au premier rendez-vous, vous devez en tenir compte. S'il vous demande de l'accompagner à un match de boxe, dans une boîte de strip-tease ou dans un endroit où il a l'habitude de traîner avec ses copains, il n'a probablement pas l'intention de vous garder longtemps. Si vous avez droit à ce genre de plan au premier rendez-vous, refusez de sortir avec lui une seconde fois.

Ne vous sentez pas obligée de rivaliser avec les autres femmes. Ne croyez pas non plus que vous deviez vous découvrir davantage ou vous donner du mal pour attirer sexuellement votre partenaire. Je connais une femme qui retire des couches de vêtements en fonction de la façon dont les autres femmes de la pièce sont habillées. C'est encore une forme de surcompensation. Inutile. Ce n'est pas en lui jetant votre sexualité au visage que vous parviendrez à le séduire. Il ne s'agit pas de savoir si vous êtes capable de l'exciter. La belle affaire ! Il lui suffit de conduire une moto ou même de dormir pour en arriver là. Vous l'excitez ? D'accord. Mais est-ce que l'attirerez encore une fois qu'il sera satisfait ? Voilà la question.

Un homme de qualité est attiré par les femmes qui en montrent le moins. S'il voit une jolie secrétaire qui porte ses cheveux en chignon, il va immédiatement se demander à quoi elle ressemble les cheveux lâchés. S'il rencontre une femme dont le décolleté laisse deviner quelque chose qui bouge mais qu'on ne peut pas voir, il aura davantage envie de le voir que s'il l'avait vu dès le départ. Lorsque vous montrez vos formes sans exposer chaque centimètre de votre peau, le « déballage du cadeau » est beaucoup plus excitant. Si votre partenaire doit déboutonner un vêtement pour voir ce qui l'attire, il sera bien plus excité.

Les hommes disent souvent à propos d'une femme provocante : « Si elle était dans mon lit, je ne dormirais pas dans la baignoire. » C'est vrai tant qu'ils n'ont pas eu ce qu'ils veulent mais ensuite, lit ou baignoire, ils passent à la suivante. Ce qui est difficile, ce n'est pas d'éveiller l'intérêt mais de l'*entretenir*. Si vous ne voulez pas vous laisser marcher sur les pieds, vous devez le montrer par votre comportement. Surcompenser, ce n'est pas seulement appeler un homme trop souvent ou lui organiser un dîner aux chandelles. C'est aussi s'habiller de façon provocante. Souvenez-vous que la bougie qui brille deux fois plus dure deux fois moins longtemps.

Si vous décidez de porter une tenue provocante après plusieurs rendez-vous, c'est une autre histoire. À ce moment-là, il sait que vous le faites uniquement pour lui et le prend comme un cadeau. Les hommes disent souvent qu'ils veulent une femme docile au salon et facile à la chambre. C'est ce que vous ne montrez pas qui continue à intriguer votre partenaire.

Ne vous fiez pas aux spots publicitaires. Ce qui donne de l'assurance aux femmes qui plaisent aux hommes, ce n'est pas une mini-jupe, un piercing au nombril ou une robe noire avec un décolleté plongeant. La chieuse n'a pas besoin d'artifices pour avoir confiance en elle. Elle compte sur *ce qu'elle est en tant que femme*.

« Il doit m'accepter telle que je suis ! » s'écrie la gentille fille. Vous êtes d'accord ? Donnez-vous une gifle. Se contenter qu'il vous accepte ? Certainement pas, ma chérie : il doit vous désirer passionnément. Ce sont les chiffes molles qu'il *accepte*.

Une femme fatale, ça se *désire*. Si vous avez besoin d'être acceptée, allez faire une thérapie de groupe. C'est un besoin exigeant que vous devez susciter en lui. Tout a commencé lorsqu'il était gamin. Pour Noël, il a reçu un jouet qu'il n'avait même pas demandé. Il a joué avec pendant cinq minutes seulement. Le jouet qu'il aimait pardessus tout, c'était celui qu'il avait acheté avec deux mois d'argent de poche et qui se trouvait tout en haut des rayons du magasin de jouet. Il ne pouvait pas l'attraper, mais il allait sans cesse dans le magasin pour le regarder. Il s'est levé tous les matins aux aurores pour livrer les journaux et pouvoir se l'acheter. C'est le seul jouet qu'il n'oubliera jamais, parce qu'il a dû le gagner.

Ce qu'elle se dit	Ce qu'il se dit
« Je fais tout ce que je peux pour lui. »	« Elle fait trop d'efforts. Elle est désespérée. »
« Je ne veux pas jouer au chat et à la souris. »	« Elle parle trop. »
« Je nourris notre relation. »	« Elle me materne. »
« Je me donne à cent pour cent pour que ça marche. »	« Elle est *vraiment gentille*, mais le courant ne passe pas. »

Et avec la chieuse ? Sexuellement, le courant passe tout de suite.

Elle a ce “ je ne sais quoi ”...

Le « je ne sais quoi » est une particularité sur laquelle on ne peut pas mettre de nom. C’est ce charme insaisissable qu’on ne peut pas définir. Une femme qui a un « je ne sais quoi » est bien dans sa peau et ne peut pas se sentir rabaissée.

L’apparence n’a rien à voir dans tout cela – des femmes superbes se font plaquer tous les jours. L’intelligence non plus – toutes sortes de femmes, des plus brillantes à celles dont le QI équivaut à celui d’une plante verte, arrivent à leurs fins tous les jours également. Ce qui compte, c’est le mystère, la capacité à éveiller la curiosité.

Dès que vous perdez votre piquant, la relation n’est plus aussi ardente. Imaginez-le comme une allumette. Vous, vous êtes le frottoir situé sur la tranche de la boîte d’allumettes. Lorsque le frottoir est usé et commence à s’émousser, il est beaucoup plus difficile de faire jaillir une étincelle.

Par exemple, quand un homme dit « J’ai besoin d’un peu de temps pour réfléchir », la gentille fille répond : « S’il te plaît, ne me laisse pas. » Mais pas la chieuse. Elle, elle lui propose de l’aider à faire ses bagages. Pourquoi ? (Choisissez A, B ou C.)

A. Elle est serviable.

B. Il ne sait pas faire ses bagages.

C. Elle s’aime.

Réponse : C. Parce qu’elle s’aime, la chieuse ne veut pas de quelqu’un qui ne veut pas d’elle. Elle ne se jette pas à ses pieds pour demander grâce. Elle garde son sang froid. Et, par son attitude, elle lui passe l’envie de partir.

Son aura suggère qu'elle n'a pas désespérément besoin de lui, qu'elle ne l'a pas dans la peau. C'est elle qui mène la danse. *Sans effort*. Et c'est précisément cette aisance qui fait tout son charme. Le « je ne sais quoi » est une attitude à la fois sexy et insouciante.

Non seulement la chieuse n'a pas besoin de lui, mais elle ne fait pas spécialement attention à lui.

N'avez-vous jamais remarqué que c'est quand vous êtes au téléphone que votre partenaire a subitement envie de vous embrasser dans le cou ? Il essaie d'attirer votre attention. Ignorez-le et il sera intrigué. Mettez-le au centre de votre attention et il prendra ses jambes à son cou.

Principe de séduction n° 8

Ce qui distingue le plus sûrement la chieuse de la gentille fille, c'est la peur. La chieuse montre aux hommes qu'elle n'a pas peur de vivre sans eux.

La romancière canadienne Margaret Atwood a écrit : « La peur a une odeur, tout comme l'amour. » On dit que l'excitation et la peur proviennent de la même zone du cerveau. Lorsqu'un homme commence à avoir peur de perdre une femme, son excitation augmente.

Sa psyché doit être nourrie comme une plante. Elle a besoin d'eau mais aussi d'air pour respirer. Rassurer un homme trop tôt, c'est comme donner trop d'eau à une plante. C'est la décomposition assurée !

Les femmes doivent revoir l'idée qu'elle se font de la chieuse. La chieuse n'est pas désagréable. Elle est douce comme l'agneau. Elle sourit et elle est féminine. Seulement, ses décisions ne sont pas fondées sur la peur de perdre un homme.

Ce n'est pas une question de personnalité. Il ne s'agit pas d'être caustique. La chieuse est une femme qui, par ses actes, montre qu'elle ne renoncera pas à elle.

Principe de séduction n° 9

Amenée à choisir entre sa dignité et une relation, la chieuse ne sacrifie jamais sa dignité.

La chieuse reste fidèle à elle-même tout au long de sa relation avec un homme. Elle ne perd pas ses amis. Elle ne renonce pas à sa carrière ni à ses loisirs. Elle garde du temps pour elle et ne se laisse rien imposer. Et, contrairement à la gentille fille, elle *ne tolère pas* le manque de respect.

Elle place le respect de soi avant tout le reste. Aucune des décisions qu'elle prend ne met sa dignité en péril.

Et, ironie du sort, c'est précisément parce qu'elle n'a pas peur que son partenaire commence à avoir peur de la perdre. C'est parce qu'elle n'a pas besoin de lui qu'il a soudainement besoin d'elle. C'est parce qu'elle ne dépend pas de lui qu'il commence à dépendre d'elle. C'est le principe des vases communicants. La personne qui est le moins attachée à l'issue d'une relation pousse automatiquement l'autre à s'investir davantage.

Découvrez la chieuse « nouvelle version »

Pour conclure ce chapitre, je vous propose une nouvelle définition du mot *chieuse*. Prenez cette appellation comme un terme d'affection. La chieuse n'est pas une grande gueule. Ce n'est pas une femme sarcastique ni grossière. Elle est courtoise mais franche et directe. Elle communique avec les hommes comme ceux-ci communiquent entre eux. Ainsi, ils se sentent plus à l'aise avec elle qu'avec les femmes qui parlent pour ne rien dire ou semblent excessivement émotives, car ils sont désorientés par l'émotivité. La chieuse sait ce qu'elle veut et n'a aucun mal à l'exprimer clairement. Par conséquent, elle l'obtient toujours. Voici ses dix principaux traits de caractères :

Elle garde son indépendance.

Peu importe qu'elle soit PDG d'une grande société ou serveuse au café du coin. Elle gagne sa vie honnêtement. Elle a sa dignité et ne se fait pas entretenir.

Elle ne le colle pas.

La lune, le soleil et les étoiles ne tournent pas autour de lui. Elle ne le voit pas uniquement lorsque son horoscope lui dit que sa grosse Mercure amorce un mouvement rétrograde en direction de sa petite Vénus. Elle ne le suit pas à la trace et ne le tient pas à l'œil. Il n'est pas le centre de son univers.

Elle est mystérieuse.

Il y a une différence entre être honnête et se mettre à nu. Elle est honnête mais ne révèle pas tout. Elle n'abat pas toutes ses cartes sur la table. La familiarité engendre le mépris et la prévisibilité, l'ennui.

Elle se fait désirer.

Elle ne le voit pas tous les soirs et ne lui laisse pas de longs messages sur son répondeur. Elle n'appelle pas sa secrétaire par son prénom au bout d'une semaine. Les hommes assimilent l'attente à l'amour. C'est si bon d'attendre…

Elle ne lui parle pas de ses problèmes.

Elle fait en sorte que la communication reste simple et évite de communiquer lorsqu'elle est contrariée. Quand elle dit ce qu'elle a sur le cœur, elle est succincte et va droit au but.

Elle s'accorde tout le temps dont elle a besoin.

Elle prend son temps, surtout s'il veut précipiter les choses. Elle va à son rythme, pas au sien, ce qui lui évite d'être sous son emprise.

Elle garde le sens de l'humour.

Son sens de l'humour lui donne un air détaché. Cependant, elle ne prend pas le manque de respect à la légère.

Elle a une haute opinion d'elle-même.

Elle ne recherche pas les compliments. Lorsqu'il lui en fait, elle se contente de le remercier. Elle ne lui demande pas à quoi ressemblait son ex et ne se compare pas aux autres femmes.

Elle a d'autres centres d'intérêt que lui.

Il sent qu'il n'est pas le pilier de son existence, ce qui la rend encore plus désirable. Étant donné qu'elle a d'autres centres d'intérêts, elle ne lui en veut pas lorsqu'il n'est pas disponible. Il n'a pas le monopole de ses pensées. Elle a une vie en dehors de lui !

Elle prend soin de son corps.

Elle fait attention à son look et à sa santé. Son amour-propre se reflète dans le soin qu'elle porte à son apparence physique. Si elle se sent bien dans sa peau avec du rouge à lèvres carmin, elle continue en porter même si ce maquillage ne plaît pas à son partenaire.

2

Pourquoi les hommes préfèrent les chieuses

Tout ce qu'une gentille fille doit savoir

« Le bonheur ? Un bon cigare, un bon repas, un bon cigare et une bonne femme – ou une *mauvaise femme*. Tout dépend du degré de bonheur que vous pouvez supporter. »

George Burns

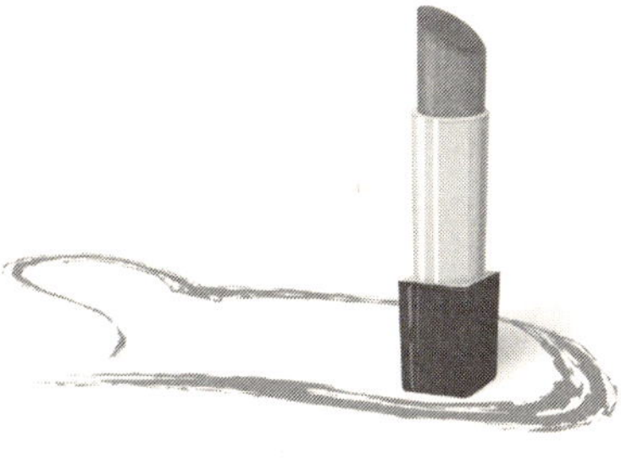

Les frissons de la traque

Les femmes doivent comprendre que les hommes aiment les « frissons de la traque » et qu'ils ont l'esprit de compétition. Ils aiment les voitures de course, le sport et la chasse. Ils aiment réparer, résoudre et traquer.

Le jeu du chat et de la souris, que la plupart des femmes trouvent exaspérant, est très excitant pour un homme. Cette différence entre les sexes est fondamentale. Pour une femme, l'objectif est la destination, c'est-à-dire une relation stable. Pour un homme, le voyage qui mène à la destination est souvent plus amusant.

La chieuse a compris que, lorsqu'un homme veut quelque chose, il fait tout pour l'obtenir et que la quête rend l'objet encore plus désirable. Elle sait que s'il ne réussit pas rapidement, son désir se transforme en obsession, accapare toute son attention et excite son imagination. La gentille fille jette une bassine d'eau froide sur ce désir ardent. Or, si l'homme ne s'investit pas, il s'ennuie.

Il ne veut pas qu'on lui fasse la charité. Quand une femme couche avec lui dès le premier soir, elle n'a plus aucun attrait.

D'ailleurs, les hommes que j'ai interviewés ont souvent admis que le sexe facile n'était pas si bon que ça...

C'est comme le poker. Si un homme gagne gros dès le départ, il abandonne très vite. Mais s'il gagne petit à petit, tout est différent. Il perd un peu, gagne un peu plus. À ce stade, rien ne pourrait lui faire quitter la table de jeu, car il a le sentiment qu'il peut encore gagner davantage.

Ce sentiment est presque palpable. Son esprit de compétition inné se réveille et le pousse à essayer d'*obtenir toujours plus*. Et s'il perd, il essaiera encore de plus belle.

Principe de séduction n° 10

Une femme qui ne se donne pas facilement
et ne semble ni docile ni soumise
attise la convoitise.

Prenons un autre exemple : une partie de chasse avec ses copains. Ils partent pour toute une semaine. Il dort dans un sac de couchage minable et se fait dévorer par les moustiques. Il mange une nourriture à laquelle même les détenus d'une prison ne toucheraient pas. Et tout ça pour quoi ? Pour chasser. Ensuite, s'il parvient à tuer un sanglier, il revient à la maison plus fier qu'un paon et insiste pour accrocher la tête de la pauvre bête au mur de la piaule (voyez-vous ça, le chasseur est aussi décorateur…)

Là, je tiens quand même à signaler quelque chose d'important : si vous balanciez un sanglier mort à ses pieds, il n'en ferait absolument rien. Même s'il s'agissait de celui qu'il vient de tuer, il ne s'y intéresserait pas le moins du monde. Vous voyez le lien entre la chasse et la drague ? Lorsqu'une femme se jette à la tête d'un homme, elle lui fait à peu près autant d'effet que s'il elle lui ramenait un sanglier mort.

Ne soyez pas avare de vos charmes, mais donnez-lui les frissons de la traque en prenant votre temps et en le laissant *être un homme*. Vous pouvez comprendre sa nature, car c'est aussi la vôtre.

Principe de séduction n° 11

Lorsqu'un homme est sur le point d'obtenir ce qu'il veut, il fait tout pour satisfaire son désir.

Les hommes admettent volontiers qu'ils veulent toujours ce qu'ils ne peuvent pas avoir. La chieuse ne laisse jamais son partenaire penser une seconde qu'elle lui est acquise. Et comme il ne la possède jamais tout à fait, il ne cesse jamais d'essayer de la séduire. Si votre partenaire a le sentiment qu'il est sur le point d'arriver à ses fins, rappelez-lui gentiment que vous n'êtes pas sous sa coupe. Comparons le comportement de la gentille fille à celui de la chieuse en la matière :

Scénario n° 1 : Il l'appelle et s'attend à ce qu'elle soit à la maison.	
Si elle doit s'absenter, la gentille fille l'appelle d'abord pour lui dire où elle va et à quelle heure elle sera rentrée.	La chieuse n'hésite pas à le laisser se demander où elle est.
Elle lui rappelle souvent que son téléphone portable est allumé au cas où il voudrait la joindre.	Elle le laisse se demander si elle est hors de sa portée en ne le tenant pas toujours au courant de ses allées et venues.

Scénario n° 2 : Il lui dit qu'il l'appellera dès qu'il sera rentré. Or, il appelle avec quatre heures de retard.	
La gentille fille, morte d'inquiétude, lui crie : « Tu aurais pu appeler plus tôt ! »	La chieuse ne montre pas aussi facilement ses émotions, ce qui la rend plus mystérieuse. Elle ne décroche pas nécessairement le téléphone. Par conséquent, elle lui manque.

Scénario n° 3 : Il est un peu renfermé, pensif et pas très loquace.	
La gentille fille est sans arrêt sur son dos à lui demander : « À quoi penses-tu ? » Elle craint qu'il s'éloigne d'elle.	La chieuse est dans ses propres pensées. Elle ne panique pas, ce qui l'attire vers elle.

Scénario n° 4 : Il est très en retard à un rendez-vous et la fait attendre.	
La gentille fille l'attend, l'appelle quatre fois sur son téléphone portable et lui dit qu'il pourrait « avoir plus de considération ».	La chieuse attend une demi-heure, puis elle prend d'autres dispositions.

La différence entre la gentille fille et la chieuse ne provient pas tant de la façon dont elles traitent leur partenaire que de la façon dont elles se traitent elles-mêmes. Par son comportement, et sans dire un mot, la chieuse montre qu'elle ne va pas arrêter de vivre pour lui.

Test :
Êtes-vous *trop* gentille ?

1. Lorsque vous dites non, vous sentez-vous coupable ou vous demandez-vous si vous avez bien fait ?

   ☐ Oui ☐ Non

2. Essayez-vous souvent de dire à votre partenaire que vous voulez être traitée avec respect ?

   ☐ Oui ☐ Non

3. Vous arrive-t-il de négocier pour obtenir ce que vous voulez ou ce dont vous avez besoin ?

   ☐ Oui ☐ Non

4. Sacrifiez-vous des heures de sommeil ou le temps dont vous avez besoin pour vous-même dans le but de satisfaire ses désirs ?

   ☐ Oui ☐ Non

5. Acceptez-vous régulièrement de le voir quand ça l'arrange ou lorsqu'il vous prévient à la dernière minute ?

   ☐ Oui ☐ Non

6. Vous arrive-t-il de répéter ce que vous avez demandé comme s'il ne l'avait pas entendu la première fois ?

   ☐ Oui ☐ Non

7. Après une dispute, êtes-vous toujours la première à le rappeler ou à vous excuser ?

   ☐ Oui ☐ Non

8. Avez-vous l'impression d'être beaucoup plus accro et démonstrative que lui ?

   ☐ Oui ☐ Non

9. Vous sentez-vous souvent vidée après avoir passé du temps avec lui ?

   ☐ Oui ☐ Non

10. Avez-vous constamment besoin d'être rassurée ou d'obtenir davantage d'attention ?

   ☐ Oui ☐ Non

Si vous avez répondu « oui » à au moins cinq de ces dix questions, vous donnez beaucoup plus que vous ne recevez. Pourtant, il n'est jamais dans votre intérêt de renoncer à vous-même.

Les femmes comprennent spontanément le concept d'équilibre entre le travail et les loisirs. Entre la famille et les amis. Entre un job et les études. Mais, en ce qui concerne les hommes, la gentille fille perd toute notion d'équilibre.

Elle consacre toute sa vie à son partenaire. La chieuse, en revanche, lui accorde uniquement une partie de sa vie et ne sacrifie pas tout le reste.

Tout commence de façon très subtile : « Qu'est-ce que tu fais en ce moment ? », demande-t-il. « Eh bien, j'allais regarder un film avec une copine », répond la gentille fille. Notez qu'elle parle déjà au passé. « Tu veux venir boire un verre ? » Elle réfléchit deux secondes : « D'accord. »

Un homme essaiera toujours de vous rendre disponible, car il est naturel pour lui de faire les choses comme ça l'arrange. Pour y parvenir, il n'hésitera pas à vous mettre la pression :

- « Je n'aime pas tout prévoir à l'avance. »
- « Je préfère la spontanéité. »
- « J'aime céder à mes impulsions. »

Contrairement à la gentille fille, la chieuse ne laisse pas tout tomber pour son partenaire. Elle attend qu'il montre de l'intérêt pour elle sur la durée. À ce moment-là, un peu de spontanéité sera bienvenue. Mais en attendant, elle ne se rend pas disponible aussi facilement. Sinon, il imposera toujours ses conditions.

Si la gentille fille annule ses projets pour un rendez-vous de dernière minute, la chieuse ne se laisse pas influencer. Elle ne change rien à son emploi du temps. Je connais une femme qui est une véritable chieuse.

Son petit ami l'adore. Si elle est en train de se vernir les ongles des doigts de pieds au moment où il l'appelle, elle lui dit : « Merci beaucoup, mais je suis occupée en ce moment. »

Principe de séduction n° 12

Un homme sait quel genre de femme est susceptible de céder à une requête de dernière minute.

Parfois, un homme peut réserver des billets pour un spectacle à la dernière minute. Ou organiser une surprise romantique. Il est spontané, mais vous êtes clairement sa priorité. Dans ce cas, aucun risque. S'il vous appelle sans cesse et veut vous voir souvent, c'est qu'il tient à vous.

En revanche, méfiez-vous des rendez-vous de dernière minute qu'il vous propose uniquement parce qu'il n'a rien trouvé de mieux à faire. Une femme qui a des sentiments pour un homme a parfois du mal à faire la différence entre les deux.

Le type spontané qui vous choisit comme plan B	Le type spontané qui vous adore
Vous êtes sans nouvelles de lui pendant deux semaines et, tout à coup, il vous appelle.	Il vous donne toujours rendez-vous à l'avance, mais il a spontanément envie de vous voir entre temps.
Côté sorties, il donne la priorité à ses compagnons de beuveries.	Ses copains se plaignent de ne plus jamais le voir. Ils le harcèlent sans cesse, mais il ne semble même pas s'en rendre compte.

Il fait des projets de voyage avec ses amis et ne vous propose jamais de l'accompagner.	Il vous demande constamment de prendre des jours de congé pour que vous puissiez vous échapper tous les deux.
Il est irritable lorsque vous êtes là et se plaint souvent de ne pas avoir davantage de temps pour lui.	Il adore votre compagnie. Ses amis et sa famille disent qu'il n'a jamais semblé aussi heureux.
Il vous demande d'annuler vos projets pour la soirée. Dès que vous êtes prête, vous le rappelez et vous tombez sur son répondeur. Le lendemain, il vous donne une excuse bidon.	S'il est obligé d'annuler, il s'en veut. Il vous rappelle dès qu'il rentre à la maison parce qu'il n'a rien à cacher et *veut* que vous sachiez qu'il joue franc jeu.
Il ne vous invite jamais au restaurant et ne sort jamais son porte-monnaie. Sans même vous en rendre compte, vous vous retrouverez à entretenir un étudiant.	Il ferait n'importe quoi pour vous voir sourire.
Vous lui faites savoir que vous êtes libre un soir de week-end. Et, bien qu'il travaille en semaine, il ne se rend pas disponible pour vous.	Il essaie de vous voir dès que vous êtes libre, à moins qu'un engagement professionnel ou autre circonstance atténuante l'en empêche.

Évitez à tout prix le scénario suivant : le type attend l'appel de quelqu'un d'autre avant de confirmer votre rendez-vous. Il vous téléphone à 17 heures et prétexte qu'il ne s'est pas encore douché mais qu'il arrive. À 19 heures, il vous rappelle et se défile : « Mon copain Frank est passé. »

Il ajoute qu'il va sortir avec ce Frank en début de soirée et que vous vous verrez ensuite. Il rentre tard et c'est à ce moment-là qu'il vous propose de vous voir, à condition que vous le rejoigniez chez lui.

Même si vous mourez d'envie de le voir, n'y allez pas. À ce stade, envisagez même *sérieusement* de ne jamais le revoir. Si vous y allez, vous ne vous rendrez pas plus attirante. Au contraire, vous éteindrez sa flamme.

Une de mes amies, Nathalie, s'est retrouvée dans cette situation et a parfaitement bien mené sa barque. Un dénommé Paul l'a appelée un samedi soir. Il était déjà plus de minuit et il pleuvait. Il lui a demandé d'un ton charmeur de venir la rejoindre. Le coup classique. Nathalie était sans nouvelles de lui depuis deux semaines, car il avait manifesté le désir de « voir d'autres gens ». À l'époque, il habitait à plus de cinquante kilomètres de chez elle.

Elle a répondu : « D'accord, chéri. J'arrive tout de suite. Donne-moi juste cinq minutes pour mettre un porte-jarretelles sous mon imper. Je serai chez toi dans quarante minutes. » Et elle lui a demandé de l'attendre dans la rue avec un parapluie pour ne pas qu'elle se mouille en allant jusqu'à l'entrée de sa résidence. Il a attendu et attendu encore… Trois heures plus tard, il a enfin compris qu'elle ne viendrait plus.

Le lendemain matin au réveil, Nathalie a trouvé plusieurs messages de Paul sur son répondeur. Il disait entre autres qu'il avait attrapé une grippe carabinée après l'avoir attendue sous la pluie. (Était-ce sa faute à elle s'il ne s'était pas fait vacciner ?)

Vous voyez, la chieuse est décidément très aimable. Aussi douce que la peau d'une pêche. Mais à l'intérieur de chaque pêche, il y a un noyau dur. La chieuse ne perd pas son temps à expliquer ce qui tombe sous le sens à un homme irrespectueux. On ne peut pas espérer se faire respecter en acceptant un comportement grossier. D'ailleurs, un homme de qualité ne veut pas d'une femme qu'il peut mener par le bout du nez. Il n'y a pas de mal à avoir un peu d'amour-propre – et quelques conditions.

Condition n° 1

Il vous prévient à l'avance.

Le message ?

Votre attention et votre temps sont précieux.

Si vous vous présentez comme quelque chose de précieux, il aura naturellement plus de considération pour vous. Par exemple, il vous appelle et vous demande : « Quand est-ce qu'on peut se voir ? » Ne répondez pas : « Je suis libre comme l'air toute la semaine. Choisis le jour que tu préfères. N'importe lequel ! » Il propose vendredi. « D'accord ! » Il propose jeudi. « D'accord ! » Il propose trois semaines à partir de dimanche prochain. « D'accord ! »

Dites-lui plutôt que vous avez deux soirées de libres et laissez-lui le choix. Vous verrez, il choisira probablement les deux.

Je connais un médecin qui a procédé de la même façon lorsqu'il a ouvert son cabinet. Il ne voulait pas que sa secrétaire dise : « Bien sûr, le docteur est disponible tout l'après-midi. Venez quand vous voulez. » Il lui a donc demandé de dire : « Je peux vous proposer 14 h 15 ou 16 h 15. Qu'est-ce qui vous arrange ? » La plupart des gens préfèrent consulter un médecin qui semble occupé mais *arrangeant* qu'un médecin ouvert toute la journée comme un supermarché.

Condition n° 2

Vous n'acceptez pas de le voir
quand vous « tournez à vide ».
Le message ?
Il ne passe pas avant vos besoins primaires
(c'est-à-dire, le repos).

Il dit qu'il aimerait vous voir à 21 heures et vous ne voulez pas sortir trop tard ? Répondez-lui : « Je préfèrerais qu'on se voie plus tôt. » S'il ne peut pas parce qu'il travaille tard, n'en faites pas un problème. Proposez-lui simplement de vous voir un autre soir.

Condition n° 3

S'il n'est pas de bonne compagnie, vous mettez
immédiatement un terme à la soirée en
donnant une explication superficielle.
Le message ?
Vous ne vous bradez pas.

Par exemple, lors de votre premier rendez-vous, il est ivre et se comporte mal. Pour commencer, ne montez jamais dans la voiture de quelqu'un qui a bu.

Ayez toujours une carte de crédit dans votre poche arrière ou un billet de vingt euros dans votre soutien-gorge. Dites-lui que vous voulez rentrer tôt.

Excusez-vous, allez aux toilettes pour dames, et appelez un taxi.

Une autre de mes amies, Laure, a réussi à mettre au pas un type qui avait toutes les femmes à ses pieds, simplement en donnant le ton dès le début.

Le type était très sûr de lui, séduisant et charismatique. Il a vu Laure pour la première fois à la cafétéria où elle a l'habitude de déjeuner. Il avait cette aura d'assurance, qui faisait immanquablement craquer toutes les femmes.

Mais Laure est l'exception qui confirme la règle. Alors qu'il essayait d'attirer son attention, elle est restée profondément concentrée sur son sandwich thon-crudités. Elle savait qu'il la regardait mais faisait semblant de ne rien remarquer. Il est revenu le mardi. Et le mercredi. Et le jeudi. Lorsqu'il a fini par lui demander de sortir avec lui, elle pris son temps avant de lui répondre : « Je ne vous connais pas. Je ne peux donc pas envisager d'avoir une liaison avec vous. Commençons par être amis et nous verrons où cela nous mène. »

Ce type était habitué à ce que les femmes se jettent à son cou. Mais il s'est trouvé subitement dans l'obligation de faire ses preuves auprès d'une femme qui ne lui était pas acquise d'avance. C'est de cette façon que Laure a pu *se faire respecter*.

Principe de séduction n° 13

Lorsque vous posez des conditions, vous montrez que vous avez des options. C'est ce qui fait de vous une femme fatale, et non une chiffe molle.

Poser des conditions est une pratique à laquelle vous devez vous familiariser. (Ne sortez pas sans condition !) Ne vous méprenez pas : l'amour inconditionnel est un sentiment merveilleux. Mais ne le donnez qu'*une fois que* vos conditions ont été respectées.

La dichotomie Madone/Putain

En psychanalyse, il existe un fantasme masculin désigné sous le nom de dichotomie Madone/Putain. Laissons tomber le jargon psychanalytique et intéressons-nous à la version informelle du syndrome Madone/Putain pour mieux comprendre nos homologues masculins.

Ce syndrome pousse un homme à vous voir soit comme une « Madone » soit comme une « Putain ». Sont classées dans la catégorie « Putain », toutes les femmes avec lesquelles il couche, toutes celles avec lesquelles il veut coucher et toutes celles avec lesquelles il a couché.

Le contraire de la « Putain », c'est la « Madone ». Il a de l'affection pour cette femme particulièrement douce et gentille, un peu comme l'affection qu'il porte à sa mère. Comme elle est toujours là et ne représente aucun défi, il considère qu'elle fait partie du décor. Et cela se termine toujours sur l'air classique de : « Elle est vraiment gentille, mais ça ne passait pas entre nous. » En résumé :

SÉCURITÉ + ENNUI + MADONE
= PAS D'ÉTINCELLE
&
IMPRÉVISIBILITÉ + INVENTIVITÉ + PUTAIN
= FEU D'ARTIFICE

Même si un homme est attiré par la femme indépendante qu'il ne peut pas avoir, il essaie toujours de retrouver une maman. Autrement dit, il voudra vous faire faire la cuisine, le ménage et sa lessive.

Je connais une femme qui a su se débarrasser de la question de la lessive dès le début. Tout de suite après le mariage, elle a lavé un sweat rouge avec tous les slips en coton blanc de son mari. Le seul slip qui restait au mari était celui qu'il portait. Aucun homme hétérosexuel qui se respecte ne pourrait se résoudre à porter un slip *rose*. En voyant l'état de ses sous-vêtements, le mari a crié à sa femme exactement ce que celle-ci espérait : « Plus jamais ! Plus jamais tu ne referas ma lessive ! »

Du reste, il est inutile de faire l'effort d'être une maîtresse de maison exemplaire car, dans l'intimité, l'homme redonne la préférence à la Putain. Les deux sont liées. Si vous le maternez constamment, vous éteindrez sa flamme. D'accord, tout homme recherche une maman. C'est une belle théorie, mais cela ne signifie pas que vous deviez faire sa lessive ou vous comporter comme une nounou. Si vous êtes trop empressée, vous l'étoufferez et le pousserez à s'éloigner de vous comme un adolescent rebelle. Voici précisément ce que vous ne devez pas faire :

- N'ayez pas l'air de vous renseigner sur lui et ne lui demandez pas de vous raconter sa vie.
- Ne vous attendez pas à ce qu'il passe tout son temps libre avec vous (sans que vous lui ayez demandé).
- Ne lui demandez pas de vous raconter ce qu'il fait quand il n'est pas avec vous.
- Ne soyez pas trop démonstrative. Laissez lui la possibilité d'exprimer lui aussi ses sentiments.
- Ne lui donnez pas l'impression d'être sans arrêt sur son dos. Par exemple, imaginez qu'il raccroche le téléphone après une longue conversation avec sa tante Justine qu'il n'a pas vue depuis une éternité. Si vous vous mettez immédiatement à lui poser des

questions ou si vous lui sautez à la gorge pour lui demander à qui il parlait, il aura l'impression d'avoir affaire à sa mère. Et, comme un adolescent, il se rebellera.

Les femmes disent involontairement beaucoup de choses qui peuvent sembler très maternelles : « Repose-toi », « Ne rentre pas trop tard », « Appelle-moi dès que tu seras arrivé » ou « Mange quelque chose avant de partir. » Avec ce genre de réflexions, *vous l'émasculez*. C'est comme si vous disiez à un enfant de deux ans : « Après la sieste, on fera son petit goûter. »

Lorsque vous demandez à un homme de s'expliquer ou de vous rendre des comptes, vous le maternez. Il est arrivé à la maison avec une demi-heure de retard ? Peut-être qu'il aidait un ami à réparer sa tondeuse ou qu'il prenait une bière avec lui en jetant un coup d'œil au moteur de sa voiture. À partir du moment où il doit s'expliquer, il a le sentiment de perdre sa liberté. Alors, il invente une histoire pour cacher quelque chose qui n'avait pas besoin d'être caché, uniquement pour préserver son « territoire ». Il se sent acculé.

Principe de séduction n° 14

Si vous l'étouffez, il sera sur la défensive
et cherchera une échappatoire
pour préserver sa liberté.

Ne faites pas comme s'il devait vous demander la permission avant d'entreprendre quoi que ce soit. N'observez pas tous ses faits et gestes. Sinon, il aura l'impression d'être *sous la lentille d'un microscope*.

Il se sentira surveillé et n'aura qu'une envie : s'échapper. Il est en retard pour aller travailler et il est encore en train de se raser ? Ne vous précipitez pas dans la salle de bains pour le lui faire remarquer. Ne regardez pas dans la boîte à gants de sa voiture comme s'il pouvait s'y trouver quelque chose de suspect. Ne tendez pas l'oreille lorsqu'il est au téléphone. N'essayez pas de reprendre sa cuisine en main et ne laissez pas traîner vos petites affaires dans sa salle de bains comme si vous vouliez marquer votre territoire. Ne lui demandez pas de passer tout son temps avec vous et ne lui dites pas « Tu me manques » deux heures après l'avoir vu. Si vous faites tout cela, *vous l'éloignez subtilement de vous*.

Ne dites pas des choses comme « Rentre ta chemise », « Va te laver les mains » ou « Va te coiffer ». Ne lui demandez pas s'il a faim trois fois d'affilée et ne le servez pas comme un prince – à moins qu'il soit malade (un petit reniflement et vous le traitez déjà comme s'il avait une maladie incurable…)

Ne prévoyez pas de passer tous vos week-ends avec lui. Laissez-le aller à la pêche sans qu'il ait à vous demander la permission. Il faut bien qu'il prenne quelques poissons… Sinon, il commencera à vous poser des lapins. Pourquoi ? Parce qu'il se comportera comme un adolescent rebelle, qui n'a pas envie de respecter le couvre-feu décrété par sa maman. Il le fera délibérément pour que vous ne preniez pas l'habitude de lui *dicter* son emploi du temps.

Si vous l'obligez à passer du temps avec vous, ce qui devrait être un plaisir deviendra une contrainte. Si vous essayez de lui mettre la corde au cou, il prendra ses distances. Obligez-le à vous voir et il aura l'impression d'aller au travail. Levez toute obligation et il viendra vous voir avec plaisir.

Principe de séduction n° 15

Ne lui en demandez pas trop. Laissez-lui la liberté de donner ce qu'il veut donner et vous saurez qui il est.

Les hommes aiment la difficulté. Ils aiment conduire des voitures de course, faire du saut en parachute et gravir des montagnes. Ils aiment faire l'impossible. Par conséquent, sachez que votre partenaire préfère se donner du mal pour vous voir que d'être soumis à une certaine routine.

Cette théorie s'applique à tous les domaines – le téléphone, les rendez-vous, le sexe et les visites impromptues. Si vous lui laissez tout l'espace dont il a besoin, il pourra être à l'écoute de ses propres désirs. Et il vous verra comme une amante, et non comme une mère. Comme un privilège, et non comme une obligation. Il viendra à vous de lui-même.

Ne le prenez pas au piège

Dès qu'un homme se sent vulnérable, il a peur d'être anéanti émotionnellement. Lorsqu'il rencontre une gentille fille, il se dit que c'est peut-être « pour toujours ». Alors, dès qu'elle prononce le mot *couple*, il panique – appelez les urgences ! Il se dit immédiatement qu'elle va s'accrocher à lui et vouloir des tas de bébés. Justement, ils en croisent un et elle craque : « Qu'il est mignon ! » – cette fois, c'est le traumatisme. Il fait des cauchemars. Pour lui, c'est le signe d'un besoin urgent d'adopter un moyen de contraception supplémentaire.

C'est ainsi que sont nées les expressions : « Se fermer des portes » ou « Se retrouver pieds et poings liés ». Les hommes parlent aussi de « boulet au pied » et de « femmes qui portent la culotte ».

Bref, ils ont toute une gamme d'expressions fleuries pour désigner ce qu'ils redoutent : se faire mettre la corde au cou.

Principe de séduction n° 16

La chieuse donne à son partenaire suffisamment d'espace pour qu'il ne se sente pas pris au piège. Ensuite... c'est lui qui la prend au piège.

En clair, les hommes ont une trouille bleue de perdre le contrôle de leur liberté. L'idée de passer toute leur vie avec la même femme les terrifie. Lorsqu'une femme attend de son partenaire qu'il se comporte dès le départ comme si leur liaison était sérieuse, il prend peur et s'en va en courant. En deux ou trois soirées, la gentille fille parvient à lui donner l'impression qu'il est pris au piège. À partir de là, il prépare sa fuite.

Ce qu'elle dit	Ce qu'il entend
« J'aimerais bien que tu me dises où tu passes tes soirées. Ce serait la moindre des choses. »	Sorties limitées sous surveillance, suivies d'un pointage auprès du gardien.

« Tu pourrais m'appeler quand nous ne sommes pas ensemble. »	Tintement des clés qui ouvrent le cadenas de son boulet.
« On devrait toujours être ensemble. Tu n'as pas besoin de tes copains, puisque tu m'as, moi. »	Extinction des feux dans quinze minutes !
« J'aimerais me marier et avoir des enfants dans l'année. »	Rien. (Détenu en fuite.)

Tout à coup, *pshiit !*, la magie s'en va. Il se voit en train de moisir dans une cellule de prison. La chieuse, en revanche, garde ses distances. Du coup, elle ne donne pas l'impression de vouloir restreindre sa liberté. C'est ce qui attire le plus les hommes chez la chieuse.

Répondez honnêtement aux questions suivantes :

- Avez-vous déjà remarqué que votre partenaire et vous êtes davantage attirés l'un vers l'autre après une bataille de polochon ?
- Avez-vous remarqué que les jeux qui finissent en combat à mains nues excitent votre partenaire ?
- Avez-vous remarqué que votre partenaire aime être remis à sa place lorsqu'il est allé trop loin ?
- Vous êtes-vous déjà demandé pourquoi les hommes qui ne vous intéressent pas n'arrêtent pas de vous draguer ?

- Avez-vous déjà constaté que vous intriguez les hommes auxquels vous ne faites pas vraiment attention ?

- Avez-vous déjà remarqué que, lorsque vous jouez avec votre chien, votre partenaire est jaloux ?

Pour bien comprendre cette série de questions, concentrez-vous sur le postulat de base : l'homme est un animal.

Les hommes sont des chasseurs et, comme tous les animaux prédateurs, ils préfèrent les proies qui leur résistent. S'ils sont davantage attirés par les chieuses, c'est parce qu'ils sont excités à l'idée d'avoir une femme puissante.

Voyons les applications pratiques de cette théorie avec l'exemple d'une étudiante prénommée Julie. Julie prenait des cours du soir et s'intéressait à l'un de ses camarades de promo. Celui-ci s'asseyait de plus en plus près d'elle et il a fini par lui demander si elle voulait aller boire un verre avec lui. Elle a répondu : « D'accord, j'accepte volontiers. Mais tant que nous suivons ce cours, je veux que nous gardions des relations purement cordiales. » Le courant passait bien entre eux. Cela ne faisait aucun doute. Cette réponse n'a donc pas été dissuasive. Au contraire, l'étudiant s'est dit : « Il faut que j'aie cette fille. »

Principe de séduction n° 17

Si vous lui dites que vous n'êtes pas prête
pour une relation sérieuse, il fera tout
pour vous faire changer d'avis.

Pour apaiser ses craintes, dites-lui que vous n'avez pas l'intention de vous investir dans une relation sérieuse. Tant que vous semblerez vous intéresser à lui, il s'intéressera à vous. Du reste, il pense déjà qu'il ne sera pas difficile de vous faire changer d'avis, puisque la plupart des femmes veulent s'engager. Mais, en adoptant une position contraire aux habitudes, vous avez jeté un pavé dans la mare. Et il ne sait plus à quoi s'attendre.

Par conséquent, vous menez la danse et c'est précisément ce qui lui donne envie de danser. Lorsqu'il maîtrise tout, il n'a pas de défi à relever, pas de proie à traquer. Mais s'il ne peut pas anticiper ce qui va se passer, tout lui semble plus excitant. (Croyez-moi, ce serait très égoïste de votre part de le priver de cette joie.)

Ce que vous pouvez lui dire pour qu'il ne se sente pas pris au piège

Au premier rendez-vous, dites-lui que vous ne voulez pas « vous engager dans une relation sérieuse pour le moment ». (Bien sûr, les choses peuvent changer.)

Si vous travaillez ensemble, risquez : « Je ne sais pas si c'est une bonne idée de mélanger le travail et le plaisir. » (Il va falloir vous convaincre.). Si vous habitez loin l'un de l'autre, dites-lui : « Je ne suis pas sûre qu'une relation à distance puisse marcher. » (Mais rien n'empêche d'essayer.)

Le contraire est tout aussi efficace. Si vous êtes harcelée de coups de fils par un homme qui ne vous plaît pas, essayez : « Les bébés ? J'*adore* les bébés ! J'en veux au moins une demi-douzaine, peut-être même plus. Mon horloge biologique tourne et j'aimerais les avoir rapidement. *Très rapidement.* Six dans les quatre ans qui viennent, par exemple… »

C'est la défense parfaite vis-à-vis d'un type que vous aimez bien et que vous ne voulez pas blesser. Pour vous débarrasser de lui, parlez couches : « Les couches ? C'est un coup de main à prendre. Et ne t'inquiète pas… tu t'habitueras à l'odeur du caca ! D'ailleurs, ça ne durera que le temps qu'ils s'habituent au pot… » Veillez seulement à ce qu'il se trouve sur la terre ferme au moment où vous lui faites votre tirade. Il pourrait se faire mal en tombant du balcon… (Évitez aussi les fenêtres ouvertes et tout ce qui se trouve en altitude.)

Si votre partenaire ne se sent pas pris au piège, tout se passera bien. Abordez-le comme un chien errant effrayé. Si vous approchez lentement de lui, il baissera sa garde. Mais si vous chargez pour essayez de le coincer, il se sauvera.

Si les hommes préfèrent les chieuses, c'est parce qu'elles leur fournissent une excuse toute trouvée pour ne pas s'engager. « C'est une chieuse, donc ce n'est pas sérieux. Je vais juste m'amuser un peu avec elle. » Pour eux, s'amuser est synonyme de liberté. Du moins, jusqu'à ce qu'ils finissent par s'attacher. Échec et mat. Les hommes ne *choisissent* pas d'être amoureux. Cela leur arrive par accident. C'est pourquoi ils ont inventé l'expression *tomber amoureux.* « Oups ! Je suis tombé. J'avais des projets, mais ça a mal tourné. »

Principe de séduction n° 18

Donnez-lui l'impression d'avoir beaucoup d'espace pour qu'il baisse sa garde.

Plus il est détendu, plus il baisse sa garde. Dès lors, le moment où il atteindra le point de non retour n'est qu'une question de temps. Lorsqu'il sera follement amoureux de vous, vous n'aurez plus besoin de lui demander « Où est-ce que tu vas ? ni « Qu'est-ce que tu fais ? » Il vous dira tout ce que vous avez toujours voulu savoir, parce qu'il aura envie de vous le dire et non parce que vous le lui aurez demandé. Et quand il sortira avec ses copains, si toutefois il sort avec eux, il mourra d'impatience de vous retrouver.

Le pouvoir du choix

Qui pourrait oublier la scène du film *Un Prince à New York* où Eddie Murphy, le prince, est sur le point de se plier à un mariage arrangé ? Juste avant la cérémonie, il entraîne sa promise à l'écart et lui demande : « Qu'est-ce que tu aimes ? » Elle répond : « La même chose que toi. » Il lui demande alors ce qu'elle aime manger. « La même chose que toi. » Ses réponses sont de plus en plus obséquieuses. Il lui demande ensuite d'aboyer comme un chien et de sauter à cloche-pied. Lorsqu'elle s'exécute, il se rend compte qu'il ne peut pas se résigner à ce mariage.

Les hommes aiment les femmes qui ont leurs propres *opinions*. La façon dont vous vous affirmez permet à votre partenaire de voir si vous avez confiance en vous ou non. Il a besoin de savoir si vous pouvez tenir vos propres rênes. Quand il vous dit une vacherie, n'hésitez pas à riposter du tac ou tac. S'il voit que vous êtes capable de *lui tenir tête*, il n'aura que davantage de respect pour vous.

Vous n'êtes pas obligée d'être d'accord avec tout ce qu'il dit. Un homme tombe amoureux d'une femme lorsqu'il a le sentiment d'avoir « trouvé à qui parler ».

Si vous avez vraiment envie de quelque chose, dites-le. Lorsqu'il vous demande « Quel film as-tu envie de regarder ? », ne le laissez pas choisir à chaque fois. Répondez plutôt : « Je me suis coltiné deux films d'action avec des courses-poursuite à n'en plus finir, alors ce soir on regarde une bluette. » Les hommes aiment les femmes qui disent ce qu'elles pensent. « Parfois, une femme doit savoir s'habiller pour sortir et *dire* à son mari de rester à la maison avec les enfants. Lui dire, et pas lui demander. » C'est un homme marié qui me l'a dit ! Un autre m'a avoué quelque chose d'encore plus instructif : « Je pense que la plupart des hommes ne verraient aucun inconvénient à ce que leur femme porte la culotte – à condition que personne d'autre ne le sache. »

Vous avez donc tout intérêt à faire entendre votre voix dès le début de votre relation. Montrez que vous avez du caractère. Vous vous souvenez de la scène de *Quand Harry rencontre Sally* où Meg Ryan met une heure à choisir un sandwich ? Ayez une opinion. Énoncez vos préférences. Soyez polie, mais n'ayez pas peur de vous exprimer.

Par exemple, votre partenaire et vous décidez de louer une cassette pour la soirée. Vous hésitez entre deux films. Ne proposez pas de prendre celui que vous avez déjà vu : « Cela ne me dérange pas de le revoir si tu ne l'as pas vu. » Dites plutôt : « Il y a beaucoup de bons films. Pourquoi ne pas en prendre un que nous n'avons vu ni l'un ni l'autre ? »

Si votre partenaire a envie d'aller manger chinois alors que vous détestez la cuisine chinoise, ne vous exclamez pas : « J'ai entendu dire qu'un nouveau restaurant s'est ouvert juste en bas de la rue. » Montrez-lui que vous n'avez pas peur de faire des suggestions ni de prendre des initiatives. Partez toujours du principe que les hommes veulent se montrer galants. Par conséquent, ils veulent *vous faire plaisir*.

Contrairement à la gentille fille, la chieuse a besoin d'équité. Si le type choisit toujours le film ou le restaurant sans se préoccuper de ses goûts, elle ne le reverra plus. Ce n'est pas une question de film ni de cuisine chinoise ou italienne. C'est un problème d'égoïsme – défaut que la chieuse ne tolère pas.

J'ai une amie suédoise, Anna, qui m'a raconté une histoire un peu loufoque mais éloquente. Récemment, elle a dîné avec un homme, qui a commandé deux homards. Le serveur a apporté les deux homards vivants sur la table, puis il a demandé : « Cela vous conviendra-t-il, Monsieur ? » Anna n'est pas végétarienne mais, quand elle était petite, elle avait un couple de grenouilles en Suède. Elle était catastrophée en voyant les petites pattes des homards gigoter. Elle s'est alors exclamée : « Je ne pourrai pas rester une minute de plus dans ce restaurant en sachant que ces deux petites bêtes vont être jetées vivantes dans l'eau bouillante ! » Et elle a insisté pour que son compagnon change la commande.

Elle aurait parié toutes ses économies que le type n'allait jamais la rappeler, mais il l'a rappelée – presque tous les jours de la semaine. Il tenait davantage à lui faire plaisir qu'à manger du homard. Voilà un homme galant. Je ne vous inciterai pas à refaire le coup du homard, mais avouez qu'Anna a été bien plus digne que la promise d'Eddie Murphy dans *Un Prince à New York*.

Principe de séduction n° 19

Il essaie de savoir avant tout si vous serez émotionnellement dépendante de lui.

Comprenez-moi bien : je n'ai pas dit que les hommes aimaient les femmes qui râlent sans arrêt ou se plaignent éternellement de tout ce qui va mal dans leur vie. Ce qu'ils veulent, c'est une femme qui n'a pas peur d'exprimer ses opinions ni de montrer son désaccord.

Au premier rendez-vous, lorsque votre partenaire vous demande « Qu'est-ce que tu aimes faire ? », ne haussez pas les épaules en disant « Ben… Tu vois bien, des trucs, quoi. » Vous n'avez pas besoin de lui dire que vous faites du saut à l'élastique, de l'escalade et, qu'une fois rentrée à la maison, vous faites l'amour toute la nuit. Mais montrez-lui que vous aimez la vie. Parlez-lui de *votre vie.*

Tout est dans la façon de dire les choses. Evitez : « De temps en temps, *(bâillement)* je prends un bouquin. » Dites plutôt : « En ce moment, je suis complètement absorbée par un livre palpitant de Susan Faludi. Cette femme est vraiment incroyable. »

Pour mieux comprendre pourquoi les hommes sont rebutés par les femmes dépendantes, pensez à vos copines. Vous en avez bien une qui ne vient vous voir que lorsqu'elle a un problème avec son petit ami. Entre chacune de ses liaisons, vous ne la voyez jamais. Mais dès qu'elle se fait larguer, elle vient pleurer sur votre épaule.

Au bout du compte, vous n'avez plus envie de la voir, parce que *vous avez l'impression qu'elle n'apporte rien* à votre amitié.

C'est ce que ressent un homme vis à vis d'une femme trop dépendante. Si vous vous reposez trop sur votre partenaire, vous deviendrez un véritable boulet à ses yeux. C'est un être humain. Lui aussi, il a ses problèmes. Montrez-lui que vous êtes tous deux sur un pied d'égalité et que vous avez des choses à lui apporter.

Principe de séduction n° 20

Il doit avoir le sentiment que vous êtes avec lui parce que vous en avez envie et non parce que vous en avez besoin.

La chieuse montre qu'elle n'a pas besoin de son partenaire en lui apportant son soutien ou même en le remettant à sa place de temps à autre. Elle tient debout toute seule. Ainsi, loin de penser qu'il a perdu sa liberté, il se réjouit d'être accompagné d'une femme forte. Leur relation est basée sur la contribution de chacun et non sur la contrainte.

Laissez à votre partenaire suffisamment d'espace pour ne pas lui donner l'impression d'être désespérément accrochée à lui. Ainsi, vous resterez éternellement un défi pour lui. Pourquoi ? Parce que vous avez *choisi* d'être avec lui. Vous n'avez pas *besoin* de lui. Vous êtes une personne complète avec ou sans lui. L'indépendance doit toujours l'emporter sur la dépendance. Montrez-lui que vous êtes capable de *vous assumer* toute seule.

3

La confiserie

Comment tirer parti de votre féminité et de votre pouvoir sexuel

« Le sexe, c'est comme une petite entreprise.
Il faut y faire attention. »

Mae West

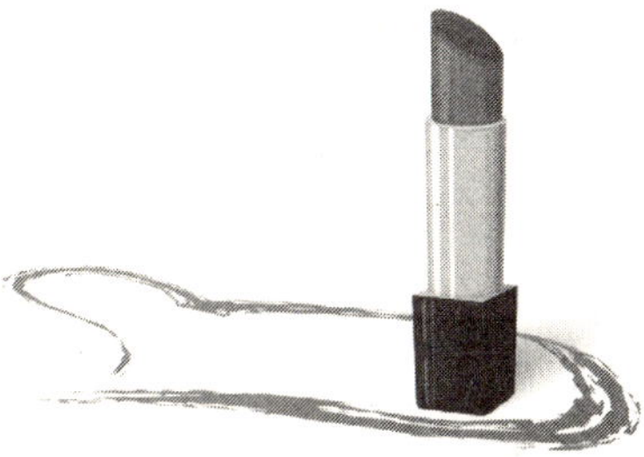

Une friandise à la fois

Dans la plupart des études sur ce que les hommes aiment chez une femme, c'est toujours la même rengaine. Les magazines féminins ne cessent de scander : « Des études ont montré que les hommes sont attirés avant tout par… l'apparence, l'alchimie et la façon dont une femme se comporte. » Catastrophe !

Ensuite, vous tournez la page et qu'est-ce que vous voyez ? « Essayez le nouveau rouge à lèvres brillant… Épilez-vous totalement les sourcils et redessinez-les… Offrez-vous une bouche pulpeuse grâce aux ampoules de collagène… » Pas dans cette vie-ci, d'accord ? Vous en serez au même point qu'avant, sauf que vous n'aurez plus de sourcils.

Vous avez déjà dû vous dire : comment un type aussi craquant a-t-il pu épouser une fille aussi quelconque ? La réponse est simple : parce qu'il ne la trouve pas quelconque. Il aime sa « beauté naturelle ». Peu importe qu'elle ne soit pas Miss Univers. Quand il va se coucher avec elle, il est plus heureux qu'une souris dans une usine de fromage.

En général, quand un homme est attiré par une femme, celle-ci a recours à deux techniques pour l'encourager à tomber follement amoureux d'elle. D'abord, elle fait appel à son imagination – sexuellement. Ensuite, elle attend un peu avant de consommer la relation – sexuellement. Ce qui nous amène à la théorie dite de « la confiserie » : *ne cédez pas tout le magasin d'un seul coup. Donnez une friandise à la fois.*

Principe de séduction n° 21

Lorsqu'un homme ne couche pas immédiatement avec une femme, non seulement il la trouve plus belle mais il prend le temps d'apprécier ce qu'elle est.

Même s'ils ne le disent pas, les hommes classent les femmes en deux catégories : « celles avec lesquelles on couche » et « celles qu'on épouse ». Si votre partenaire vous met dans la catégorie de « celles avec lesquelles on couche », vous n'en sortirez jamais.

La chieuse n'est ni sadique ni coincée. Simplement, elle veut être traitée comme « celles qu'on épouse ». Et, généralement, cela implique qu'elle révèle sa sexualité petit à petit. Par son attitude, elle mène subtilement la danse. Comme il la croit un peu réservée, il se dit que peu d'hommes ont dû arriver à leurs fins avec elle. En fait, il se demande même s'il va y parvenir lui-même… Par conséquent, il ne pourra guère s'offrir le luxe de la classer parmi « celles avec lesquelles on couche ».

La chiffe molle, en revanche, passe plus facilement pour une fille facile, car elle a tendance à coucher pour de mauvaises raisons – et *beaucoup* trop tôt. Ce n'est pas une question de look. Qu'elle porte une jupe longue et une queue de cheval ou qu'elle soit sexy, le résultat sera le même. Dans les deux cas, si elle couche avec un homme parce qu'*elle pense qu'elle doit le faire pour le garder*, il s'en rendra compte et il perdra tout respect pour elle.

Je connais un homme, Alexandre, qui fait une autre distinction intéressante : « Il y a deux types de femmes sexy. Celles qui *essaient* de l'être de façon évidente et celles qui *n'essaient pas* de l'être – parce qu'elles le sont, tout simplement. La plupart des hommes trouvent les secondes beaucoup plus sexy. Bien sûr, très souvent, celles qui mettent le paquet nous poussent à y regarder à deux fois. Mais les femmes qui restent naturelles sont plus sexy et davantage prises au sérieux. » Croyez-le ou non, Alexandre vient juste de terminer ses études. Et si un homme d'une vingtaine d'années est de cet avis, rassurez-vous, les autres le seront aussi.

Le tableau suivant montre comment un homme peut cataloguer une femme à partir de quelques mots. Notez que, dans les deux cas, elle est terriblement sexy. Cela dit, dans l'un, elle est *dépendante*, dans l'autre non.

Celles avec qui on couche	Celles que l'on épouse
Elle parle beaucoup de sexe dès le premier rendez-vous ou la première conversation téléphonique.	Elle flirte plus subtilement et utilise le langage de son corps pour communiquer sa sensualité.
Elle porte une tenue très courte qui laisse voir ses jambes, la naissance de ses seins et son dos. Elle affiche outrageusement sa sexualité sans originalité.	Elle ne montre qu'une partie de son corps ou porte un vêtement très fluide. Sa sexualité semble faire partie de ce qu'elle est. Elle n'a pas besoin d'en rajouter.

Pendue à son cou, elle lui fait sans cesse des compliments.	Pour qu'il continue à s'intéresser à elle, elle lui fait des compliments lorsqu'il espère coucher avec elle. Il sent qu'il est sur la bonne voie.
Elle porte une nuisette en dentelle noire pour lui dès le troisième soir, ce qui ne lui laisse plus rien à imaginer.	Elle accroche la même nuisette derrière la porte de sa salle de bains afin qu'il la voie en allant se laver les mains. Ensuite, il la dévore des yeux en l'imaginant dans cette nuisette.
Dès le deuxième soir, elle l'invite à entrer chez elle. Il accepte « en tout bien tout honneur ». Ils finissent par coucher ensemble, mais elle regrette déjà. Trop tard, il a eu tout le magasin.	Ils s'embrassent avec passion à la porte. Elle adorerait l'inviter à entrer, mais elle résiste à ses propres pulsions et lui dit bonne nuit sous le porche.
Le désir retombe.	Le désir ne retombe pas… Il s'intensifie.

Combien de temps devez-vous attendre avant de coucher avec un homme ? *Aussi longtemps que vous pouvez.* Votre relation doit rester platonique pendant au moins un mois. Cette tactique vous donne le temps d'en savoir plus sur lui. Imaginez qu'après avoir couché avec lui vous découvriez qu'il est marié. Ou qu'il a une ex-petite amie qui l'appelle régulièrement pour des problèmes de voiture. Ou encore que sa cousine germaine l'a plaqué parce qu'il la trompait avec sa tante.

Offrir une friandise à la fois, cela ne veut pas dire rester vierge ou célibataire. Il s'agit simplement de donner à votre partenaire l'habitude de faire l'effort de vous traiter de *la façon dont vous voulez être traitée.*

En refusant de coucher avec lui dès le premier soir, vous gardez des cartouches pour la suite, si bien que chaque petit détail compte. Ainsi, il aura un frisson le long de la colonne vertébrale la première fois où vous lui prendrez la main en public. Ou il vous appellera plusieurs fois juste pour entendre le son de votre voix. Et, pour lui, vous serez ce qu'il y a de plus beau au monde. Ménagez votre effet pour créer une *étincelle* entre vous. Car les hommes vivent pour cette étincelle.

Principe de séduction n° 22

Le sexe n'a rien à voir avec l'« étincelle ».

Une victoire plus douce

Lorsqu'un homme a le sentiment qu'il doit vous gagner sexuellement, grâce à sa virilité, à son intelligence ou à son charme, il vous donne davantage de valeur. Les hommes sont possessifs.

Par conséquent, il a besoin de savoir que les autres hommes n'obtiendront pas facilement ce qu'il essaie d'obtenir. Comme Christophe Colomb et le capitaine Kirk, il veut explorer des terres qui n'aient pas été piétinées par trop d'explorateurs avant lui. Et en la matière, il n'a qu'un moyen de se faire une idée sur vous : évaluer la facilité avec laquelle vous allez lui céder.

Il est vrai que certaines personnes habituellement réservées peuvent avoir rapidement une liaison qui fonctionne bien. Mais c'est l'exception qui confirme la règle.

J'ai une amie très proche, Lydie, qui pourrait faire partie de « celles qu'on épouse ». Elle est pharmacienne et c'est une femme superbe qui a tout pour plaire. Mais elle couche presque toujours au bout de quelques jours.

Récemment, elle a couché avec un type qui lui plaisait beaucoup. Tout de suite après avoir fait l'amour, il semblait déjà perdu dans ses pensées. Puis il l'a regardée en lui demandant : « Est-ce que tu fais ça avec tous les hommes ? » Lydie s'est sentie insultée, pour ne pas dire plus. Si vous couchez tout de suite avec un homme, il se dira, dans un premier temps : « Elle n'a tout simplement pas pu me résister ! » Mais très vite, il se grattera la tête d'un air songeur et se demandera à combien d'autres hommes vous n'avez pas pu résister non plus.

Principe de séduction n° 23

Avant de coucher, les hommes sont azimutés et les femmes saines d'esprit. Après, ce sont les femmes qui sont azimutées et les hommes qui sont sains d'esprit.

Lorsqu'une soirée se termine au lit à la vitesse de la lumière, l'homme a obtenu ce qu'il voulait. Il a atteint son objectif et il est soulagé. Par conséquent, il a les idées plus claires. À l'inverse, la femme commence à peine à se diriger vers son objectif. Elle n'a pas terminé. Alors, elle le sollicite… et il s'enfuit.

Que vous le vouliez ou non, au début, votre partenaire et vous négociez subtilement les termes de votre relation. Et si l'accord arrive trop tôt, vous perdez tout pouvoir de négociation.

La chieuse prend le temps de voir si son compagnon mérite qu'elle passe un accord avec lui. Car elle ne veut pas être une fille de plus sur son tableau de chasse.

Au début, l'homme avec qui vous passez une soirée agréable n'a qu'une idée en tête : coucher avec vous. Il se moque éperdument de ce que vous faites dans la vie, de ce que vous avez comme voiture et de ce que vous prenez au petit-déjeuner. Vous devez donc l'*amener* à penser à autre chose.

Si vous le faites attendre, il commencera à remarquer que vous n'êtes pas comme les autres. Et c'est là qu'il s'intéressera à ce que vous prenez au petit-déjeuner.

Principe de séduction n° 24

Un homme veut d'abord coucher.
Avoir une petite amie est une idée à laquelle il pense ensuite. En refusant de lui donner immédiatement ce qu'il veut, vous devenez sa petite amie sans qu'il s'en rende compte.

Les hommes aiment que le jeu dure longtemps. Imaginez le scénario suivant : un homme regarde avec attention un match de foot à la télé. Son équipe favorite mène cinq buts à un. On ne peut pas dire que le suspens soit à son comble.

Mais c'est un match de foot et les arrêts de jeu commencent. À ce stade, il est en train de hurler des directives assis sur le bord de son fauteuil. Enfin, son équipe triomphe : « Ouais !!! » Tandis que les joueurs se tombent dans les bras, il décapsule une bière pour fêter l'événement.

Dix ans plus tard, si vous lui demandiez comment s'est déroulée cette finale de football, il vous la décrirait comme s'il l'avait vue la veille. Il ressent la même chose lorsqu'une femme s'abandonne lentement. Pour lui, c'est beaucoup plus excitant.

Cette idée vous semble peut-être un peu démodée mais, rassurez-vous, je la tiens d'un très grand nombre d'hommes de tous âges que j'ai interrogés moi-même. Voici les propos exacts de Nathan, un jeune homme de vingt-cinq ans qui s'en sort très bien avec les femmes : « Si elle s'abandonne trop tôt, le charme est rompu et on n'essaie pas de le prolonger. Et honnêtement, on devrait tout faire pour le prolonger. C'est le meilleur moment et, s'il se termine trop tôt, on est déçu. Inconsciemment, on lutte contre ça. Même si on veut coucher avec la fille, on veut qu'elle se fasse désirer. Sinon, on la voit une fois ou deux et on passe à la suivante. »

C'est vrai, il y a des hommes qui ne veulent pas faire le moindre effort. Ce sont les partisans de la « loi des trois rendez-vous ». Cette loi stipule que, si une femme ne cède pas au bout du troisième rendez-vous, l'homme doit tout simplement arrêter de la voir.

Ces hommes n'ont pas envie de passer du temps avec une femme. Ils vont droit au but et disparaissent. Aussi, si un homme vous quitte au bout du troisième rendez-vous, vous pouvez être sûre que, de toute façon, il vous aurait quittée après avoir obtenu ce qu'il voulait.

La gentille fille a le sentiment de subir une sorte de *pression* ou de *manipulation*. Par conséquent, elle se sent *obligée* de coucher rapidement avec les hommes.

Elle se dit qu'ils la trouveront attirante sexuellement, comme si ce qu'elle avait à offrir en la matière était de l'or. La chieuse, en revanche, sait que le sexe ne se transforme en or que lorsqu'il n'est pas servi sur un plateau.

Même si les hommes veulent coucher tout de suite et sont habitués à arriver facilement à leurs fins, ne vous alignez pas sur leur conduite. S'ils en avaient la possibilité, la plupart d'entre eux adoreraient connaître le budget minimal à prévoir pour attirer une femme dans leur lit. Il y aurait une sorte de transaction implicite entre les deux parties : « Voilà : j'ai l'intention de dépenser l'équivalent de deux dîners, un bouquet de fleurs et deux tickets de cinéma – soit un total de 255,92 euros. Pas un centime de plus. »

À partir de là, ils essaieraient d'obtenir le maximum avec le budget fixé. *Mais la chieuse ne se fait pas avoir.* Elle sait que, si son partenaire n'était pas avec elle, il serait avec quelqu'un d'autre. Alors, quel que soit le montant du budget, elle veille à ce que celui-ci soit dépensé pour elle et non pour quelqu'un d'autre. Du reste, elle est persuadée qu'elle est le meilleur investissement qu'il puisse faire.

Elle fait semblant de ne pas connaître la « loi des trois rendez-vous ». Elle laisse le type parler et n'entre pas dans les négociations. Elle est souvent la première à mettre un terme à leurs rendez-vous.

Par conséquent, il n'est jamais tenté de la planter là en lui manquant de respect. Au bout du compte, il finira par épouser cette femme qui ne se soumet pas à sa loi et joue selon ses propres règles.

Principe de séduction n° 25

Un homme sait d'instinct dans quel état d'esprit se trouve la femme qui va coucher avec lui. Si elle ne pense qu'à le satisfaire, il le sent.

Contrairement à la gentille fille, la chieuse pense qu'elle a beaucoup plus à offrir que sa sexualité. Elle a donc des relations sexuelles uniquement lorsqu'elle en ressent le désir – lorsqu'elle se sent en phase avec son partenaire. Elle est très sexy et c'est précisément pour cette raison qu'elle n'affiche pas sa sexualité comme si c'était tout ce qu'elle avait à offrir.

Une fois la relation consommée, elle a toujours le même comportement. Son partenaire ne sait jamais à l'avance quand ils feront l'amour. Mardi ou mercredi ? Samedi ou dimanche ? Il n'en sait rien. Ainsi, le mystère reste entier et la phase de séduction se poursuit. La chieuse n'est jamais totalement acquise – précisément parce qu'elle se donne *selon ses propres conditions*.

Quand elle rencontre un homme, la gentille fille couche rapidement avec lui parce qu'elle veut absolument le garder. Dès lors, plus rien n'est pareil. Finis les dîners aux chandelles et les fleurs ! Au lieu de l'emmener au restaurant ou au cinéma, il se pointe chez elle sans crier gare avec une cassette vidéo parce qu'il sait déjà comment la soirée va se terminer.

Conclusion : quand une femme fait attendre un homme, les dîners aux chandelles, les fleurs et le romantisme perdurent. Pourquoi ? Parce qu'il prend l'*habitude* de la traiter avec respect avant d'obtenir ce qu'il veut.

Principe de séduction n° 26

Les mauvaises habitudes sont plus faciles à prendre que les bonnes, parce que les bonnes exigent un effort conscient. L'attente favorise cet effort.

Un homme de qualité restera en votre compagnie tant qu'il ne sera pas rassuré sur deux points : il veut, d'une part, être sûr que vous le trouviez sexuellement désirable et, d'autre part, avoir le sentiment d'être encore « dans la course ». Tant qu'il n'aura pas vu de la lumière au bout du tunnel, il continuera à avancer.

Néanmoins, il ne lui faut pas grand chose pour être convaincu, quitte à mal interpréter vos messages. Vous devez donc trouver un juste équilibre dans votre comportement, pour ne pas lui donner l'impression que vous essayez de l'*allumer*.

Programme de distribution des bonbons

Si vous faites tous deux l'effort de maintenir votre relation en dehors de la chambre à coucher, n'oubliez pas pour autant que vos objectifs ne sont pas les mêmes. Vous voulez garder les pieds sur terre ; il veut s'envoyer en l'air.

Abstenez-vous de fixer votre partenaire et de vous montrer tout aussi excitée que lui. Vous pouvez facilement envoyer un message à connotation sexuelle sans vous en rendre compte. Il est tellement sexy… mais sachez qu'il prendra le moindre signal pour un feu vert. Évitez donc toute ambiguïté :

- Rouge signifie : « Non. »
- Vert signifie : « D'accord. »
- Orange signifie : « Vous l'allumez et il en a ras le bol. »

Par exemple, vous enlevez le haut ou bien vous vous embrassez goulûment sur le divan. Quelques minutes plus tard, il vous voit déjà rouler sur la moquette. Ce n'est pas le moment de lui dire : « Non, je ne suis pas prête. » C'est comme si vous repreniez un bonbon à un enfant après l'avoir laissé y goûter.

Vous ne pouvez décemment pas le titiller jusqu'au point de non retour et lui dire ensuite : « Non, je ne crois pas que ce soit le moment. » Il se dira : « Comment peux-tu penser que ce n'est pas le moment, alors que tu es seins nus, que tu m'allumes depuis une heure et que ton pantalon est déboutonné ? »

Principe de séduction n° 27

Si vous attendez la dernière minute pour dire non, il vous prendra pour une allumeuse.

Une fois que vous l'aurez poussé à bout, il n'aura même plus de désir. Il n'aura plus envie de jouer le jeu, car vous aurez rompu tout le charme. Il aura l'impression de s'être fait avoir et il en concevra du ressentiment. S'il pense que vous l'avez allumé pour rien, peut-être préfèrera-t-il en rester là.

Réfléchissez-y. Vous ne pouvez pas montrer un steak à un chien pendant une heure et lui jeter ensuite un bâtonnet de céleri. Si vous voulez être respectée, vous devez être fair-play.

Voici quelques conseils pour vous aider à retarder l'acte sexuel sans passer pour une allumeuse :

- Au début, essayez de ne pas être seule avec lui, chez lui ou chez vous, surtout tard le soir.

- Faites des choses qui vous obligent à vous voir dans des lieux publics. Ou demandez-lui de passer vous prendre pour vous emmener quelque part.

- Faites des activités pendant la journée. Si vous allez faire du vélo, le feu est manifestement rouge. Mais si vous êtes tous deux pelotonnés dans une couverture devant un feu de camp, avec une bouteille de vin, à minuit, il partira du principe que lui vous donnez le feu vert.

- Donnez-lui des baisers sensuels et sexy, mais uniquement dehors, pour ne pas qu'ils durent trop longtemps. Ne l'embrassez pas goulûment lorsque vous êtes seuls en roulant sur le sol, sur le lit ou sur le divan.

- Après quelques rendez-vous, il voudra peut-être entrer chez vous, tard dans la nuit. Si vous craignez qu'il n'aille trop loin, coupez court dès que vous arrivez à votre porte. Si vous habitez dans un immeuble, dites-lui au-revoir dans le hall : « Merci beaucoup, j'ai passé une excellente soirée. »

- Souriez, riez à ses blagues et soyez de bonne compagnie. Vous voulez qu'il vous voie non seulement comme une amante mais aussi comme une amie. S'il vous parle de lui, surtout s'il est un peu nerveux, c'est bon signe. Cette volonté d'ouverture prouve qu'il vous apprécie.

- Flirtez avec modération. Méfiez-vous des plaisanteries à connotation sexuelle, car il ne s'agit jamais vraiment de plaisanteries. Très souvent, les hommes utilisent l'humour pour vous tester. Ne soyez pas prude – vous pouvez rire et plaisanter vous aussi. Mais ne restez pas sur le sujet trop longtemps, sinon il prendra cette conversation pour un feu vert.

- Faites-lui des compliments. Montrez-lui que vous le trouvez désirable. Par exemple, dites-lui qu'il sent bon lorsqu'il vous prend dans ses bras. Ainsi, il comprendra que les raisons qui vous poussent à attendre n'ont rien à voir avec son sex-appeal.

- Montrez-vous tendre et affectueuse. Tenez-lui la main ou posez la tête sur son épaule pour qu'il se sente viril. Caressez-lui la jambe quand vous êtes au cinéma, mais ne l'allumez pas – restez près du *genou*. N'effleurez pas les parties intimes ou il y verra un feu vert.

- Ne vous laissez pas trop peloter dans la voiture lorsqu'il vous ramène chez vous ou il sera tenté d'aller plus loin. Même le type qui vous demande de vous essuyer les pieds avant vous asseoir sur les sièges en cuir n'hésitera pas à vous culbuter dans sa nouvelle BMW. Et pour cause : c'est précisément pour cela qu'il l'a achetée !

- S'il est déjà tard, ne lui dites pas : « D'accord, entre… mais juste une minute. » Ne l'invitez pas à faire connaissance avec votre chat Pompon. Ne lui proposez pas un dernier verre. Rien ne dure jamais « juste une minute » après minuit.

- Ne lui montrez pas que vous retardez les choses, même si c'est le cas. Ne lui dites surtout pas qu'il devra attendre un mois. De même, ne lui laissez pas entendre que le moment approche. Ne faites pas de prévisions à trois jours comme à la météo ! *Ne plantez pas le décor d'une scène que vous n'êtes pas prête à jouer.*

- Ne le croyez pas quand il dit : « On fera juste un petit câlin. » Même si vous le connaissez depuis longtemps et si c'est un parfait gentleman qui sait se maîtriser, le but est de ne pas l'allumer.

- Soyez affectueuse *en public*. Ainsi, vous éviterez les dérapages.

Une de mes amies, Mathilde, a envoyé malgré elle un message sexuel ambigu. L'hiver dernier, elle a invité un type à entrer chez elle parce qu'il faisait vraiment froid dans sa voiture. Après avoir préparé du chocolat chaud, elle s'est mise à l'aise dans son gros pyjama en flanelle. Ils ont commencé à s'embrasser. Elle s'était dit qu'un pyjama en flanelle ne risquait pas de passer pour une invitation à faire l'amour. Mais elle s'est rendu compte avec stupéfaction que son partenaire n'avait pas du tout l'intention de boire un chocolat chaud.

Pour un homme, tout ce qui se porte au lit mène nécessairement au lit. S'il vous voit en pyjama, même s'il s'agit d'une grenouillère en flanelle, il en déduit que vous lui donnez le feu vert.

Même s'il vous met subtilement la pression, s'il vous apprécie vraiment, une partie de lui souhaite que vous le fassiez attendre. Il veut croire que vous êtes « différente ». Il veut que vous le trouviez clean. Que vous le trouviez drôle, sympa et beau. Il veut une déesse. Il veut... Wonder Woman.

Comment lui donner cette impression ? Rien de plus simple. Laissez-le vous draguer et ne vous donnez pas trop facilement. Enfilez une paire de bottes des années soixante-dix et voilà ! Vous êtes la Wonder Woman de ses rêves.

Le vif du sujet

Quand un homme et une femme s'aiment, il y a encore des comportements qui différencient la chiffe molle de la femme fatale.

La gentille fille fait l'erreur de se comparer aux autres femmes. Lorsqu'une femme se trouve dans la même pièce qu'elle, elle demande à son partenaire : « Comment tu la trouves ? »

Ou bien elle se met en concurrence avec toutes les femmes sur lesquelles elle *croit* qu'il fantasme : un top model, une strip-teaseuse ou une star du porno.

Principe de séduction n° 28

Si vous n'êtes pas sûre de vous,
ne faites pas semblant de l'être.

On dit souvent qu'une femme n'atteint son épanouissement sexuel qu'après trente ans. Autrement dit, beaucoup de femmes ne sont pas sûres d'elles et se sentent obligées de rivaliser avec les autres. Si leur sexualité s'améliore par la suite, c'est parce qu'elles sont capables de dire ce qu'elles aiment. Elles ont davantage d'assurance. Elles se laissent enfin aller sans aucune gêne.

Beaucoup de femmes se comparent à une sorte d'idéal. Au lit, elles raisonnent en termes de performances. J'ai même entendu certains hommes dire : « Plus elles crient fort, mieux c'est. »

Quand on voit à quel point la pornographie s'est répandue, on comprend pourquoi les critères sont devenus complètement irréalistes. Même les films pornos utilisent des voix hors champs – ce qui signifie que la fille qui crie « Oui ! Oui ! Donne-la-moi, oui ! » est généralement une femme de 100 kilos entièrement habillée, qui est en train de s'égosiller dans un micro, assise sur un tabouret dans un studio.

La chieuse ne se fie pas à des critères extérieurs. En revanche, la gentille fille s'inquiète de savoir si elle est à la hauteur. Or, lorsqu'une femme est absorbée par des soucis de performances, elle en oublie complètement ce qu'elle est venue faire. Ce n'est plus du sexe, c'est de l'animation !

Comment simuler un orgasme : guide d'animation sexuelle

- Arc-boutez-vous à quarante-cinq degrés et haletez comme un chien.
- Récitez quelques extraits de mauvais films de série B. Par exemple, dites à Pépère qu'il le fait mieux que personne.

- Poursuivez avec les cris classiques : « Oui, oui, oui…, plus fort, plus fort… continue ! » Ensuite, empoignez l'oreiller le plus proche.

- Les variantes sont bienvenues. Vous pouvez empoigner l'oreiller d'abord et crier ensuite. Les hommes aiment la diversité.

- N'oubliez pas de vous sucer le doigt.

- Maintenant, pour le commentaire, demandez-lui « À qui c'est, ça ? » et écriez-vous « C'est à toi ! »

- S'il change de position, fait une pause ou tend le bras pour attraper un verre d'eau, ne faites pas attention et continuez à crier comme si de rien n'était.

- Pour simuler l'orgasme : criez à pleins poumons et faites les exercices de Kegel : serrez… relâchez… serrez… relâchez.

- Après l'amour, n'oubliez pas la conversation sur l'oreiller. Vous n'avez eu que deux hommes avant lui. (D'accord, trois, mais c'est votre dernière offre.)

AVERTISSEMENT : effets indésirables possibles si votre partenaire lit cette page : troubles de l'érection.

La chieuse ne se met pas en scène. Elle est beaucoup plus honnête. Elle demande tout simplement ce qu'elle veut. Si son partenaire ne s'y prend pas bien, elle ne l'encourage pas en lui envoyant des messages trompeurs. Sinon, il n'apprendrait pas à la satisfaire et leur couple ne fonctionnerait pas, parce que la chieuse ne renonce pas à son propre plaisir.

Je ne vous recommande pas de simuler un orgasme. Au contraire, cette petite parenthèse était une illustration satirique des pressions que les femmes subissent en termes de performances. Si un homme vous donne l'impression d'être en représentation, ne couchez pas avec lui.

C'est beaucoup plus excitant pour un homme de faire l'amour avec une femme qui est capable d'être elle-même et de dire ce qu'elle aime et ce qu'elle n'aime pas. Un homme aime voir une femme prendre son pied. C'est beaucoup plus important que de réaliser une performance.

Principe de séduction n° 29

Ce qui fait fantasmer un homme de qualité, ce sont les femmes qui aiment authentiquement le sexe.

La moitié de son plaisir provient de votre plaisir. Alors, ne simulez pas. Je vous l'accorde, son ego a besoin d'être flatté, mais rien ne remplit mieux ce rôle que *votre* satisfaction. Ce qui est vrai en dehors de la chambre l'est aussi dans la chambre : la chieuse le satisfait davantage parce qu'elle ne sacrifie pas son propre plaisir. Il sait, sans se poser de questions, qu'elle apprécie chaque minute de leur étreinte. Rien de tel pour flatter son ego !

La gentille fille est malhonnête sur toute la ligne. Par exemple, imaginons qu'elle couche avec un homme au deuxième rendez-vous. Lorsqu'il lui demande combien d'amants elle a eu, elle revoit son chiffre à la baisse : « Il n'y en a eu que trois. » La chieuse n'entre pas dans ce jeu-là. Elle refuse de coucher tout de suite et d'avoir ensuite un discours de vierge effarouchée – ou presque : « Je n'ai connu que trois hommes. Le premier m'a fait mal. Le deuxième n'était pas aussi bon que toi. Avec le troisième, ça a duré trente secondes. Avec le quatrième… euh, oups !, il n'y avait pas de quatrième. Bon, d'accord, il y a eu un quatrième. Mais nous ne sommes pas allés jusqu'au bout, alors ça ne compte pas. D'ailleurs, le cinquième ne compte pas non plus parce qu'il était ivre… »

Si vous dites à votre partenaire que vous n'avez eu que trois amants après avoir couché avec lui, il saura que vous mentez. Montrez-lui que vous avez de la classe en le faisant attendre. Et s'il vous interroge sur votre vie privée, répondez-lui : « Je n'ai probablement pas eu autant d'hommes que tu as eu de femmes. » Si vous êtes un peu sur la défensive, comme si vous aviez quelque chose à cacher, il sera plus attentif. Que faire lorsqu'il se vante de ses anciennes conquêtes ? N'écoutez pas, car il vous sert probablement une version améliorée et vous risquez d'en croire une partie.

Dans ce cas, la chieuse regarde ostensiblement sa montre. Elle sait que ce qu'elle a à offrir suffit – c'est à prendre ou à laisser. Et s'il n'a toujours pas changé de sujet après qu'elle a remonté sa montre, elle lui dit : « Chéri, tu me confonds avec tes copains. Je n'ai pas envie d'entendre parler de tes ex. »

Principe de séduction n° 30

Lorsqu'une femme se met en concurrence avec une autre, elle se rabaisse.

Souvenez-vous, à l'intérieur comme à l'extérieur de la chambre, les hommes sont habitués à ce que les femmes ne soient pas sûres d'elles. Raison de plus pour être différente. Soyez pleine d'assurance et montrez à votre partenaire que vous ne vous demandez pas si vous êtes à la hauteur ni si une autre femme risque de vous le prendre. Si la conversation glisse sur le sujet des « autres femmes », dites-lui en toute simplicité : « Si une femme est capable de me prendre un homme, alors qu'elle le garde parce que je n'en voudrai plus de toutes façons. » Ensuite, souriez, buvez une gorgée de vin, et changez de sujet : « Qu'est-ce que tu as vu au cinéma dernièrement ? »

Si vous n'avez pas confiance en lui, arrêtez de le voir. Mais tant qu'il ne vous donne pas de raison de douter, faites comme si vous lui faisiez confiance. Ainsi, il verra que vous êtes sûre de vous, comme si vos actes disaient en quelque sorte : « Pourquoi ne voudrais-tu pas de moi ? »

Principe de séduction n° 31

Si c'est le bon, vous le saurez tout de suite.

Un homme de qualité veut que vous lui fassiez confiance et que vous croyiez en lui. A priori, faites-lui donc confiance. S'il tombe amoureux de vous, il ne vous dira pas qu'il n'a envie de voir que vous – mais vous le saurez de toute façon. Il vous appellera tous les jours et il insistera pour que vous ne sortiez qu'avec lui. Parce qu'il ne voudra pas que quelqu'un d'autre que lui s'approche de *la femme de ses rêves*.

4

Naïve comme un renard

Comment lui faire croire qu'il commande alors que c'est vous qui menez la danse

« À mon avis, l'expression "sexe faible"
a été inventée par une femme pour désarmer
l'homme qu'elle s'apprêtaità terrasser. »

Ogden Nash

Le renard naïf prend des gants pour ménager l'ego de son partenaire

Le pouvoir est aussi dangereux pour un homme que le romantisme l'est pour une femme. Et le pouvoir passe d'abord par l'ego.

Pour qu'un homme ait envie de donner, il faut que ce don flatte son ego. Il veut être apprécié, voire vénéré. C'est à cause de leur ego que les hommes font la guerre, bâtissent de grandes sociétés et s'injectent des stéroïdes avant de soulever des altères. C'est à cause de leur ego qu'ils mendient, volent et empruntent. Et c'est aussi à cause de leur ego qu'ils tombent amoureux.

Un homme a besoin de se sentir « viril ». C'est pourquoi il ne demandera jamais son chemin. Peu importe que vous lui disiez qu'il était sensé prendre à gauche six rues plus tôt. Il continue à appuyer sur la pédale et file à toute vitesse dans la direction opposée. Un homme ne se perd jamais. D'ailleurs, il vous expliquera qu'il…

- « se familiarise avec un autre quartier. »
- « a décidé de changer de destination. »
- « veut regarder ce qu'il y a dans une autre rue. »
- « explore un nouveau terrain. »

Non, un homme ne se perd pas. L'inspecteur Gadget « jette un coup d'œil » au paysage dans un rayon de 50 kilomètres autour de la destination prévue.

Si vous voulez qu'il tourne à droite, dites-lui : « Je pense que c'est peut-être sur la gauche ». Il considère que son sens de l'orientation est forcément supérieur à celui d'une femme. Mais cela n'a aucun rapport de toutes façons, car l'ego n'a ni direction ni axe de rotation.

Pour plaire à un homme, il suffit de prononcer trois mots : « Tu as raison ». Vous ne le convaincrez jamais d'autre chose, alors n'essayez même pas.

Laissez-le avoir *raison*. Vous, soyez *intelligente*. C'est exactement ce que fait le renard naïf. Lorsque vous exacerbez son sentiment de pouvoir, vous rechargez ses batteries. Ensuite, vous pourrez lui donner ce dont il a besoin et *il ne s'en rendra même pas compte.*

Principe de séduction n° 32

Laissez-le croire qu'il commande. Il fera tout ce que vous voudrez simplement pour être admiré.

Lorsqu'il est gentil ou généreux, laissez-le croire qu'il est le meilleur. Admirez-le comme s'il faisait la pluie et le beau temps. Montrez-lui que c'est lui qui porte la culotte. Et pendant ce temps-là, avancez vos pions.

Mon amie Anne a compris la leçon, mais un peu tard. Elle a fait l'erreur de dire à son nouveau petit ami qu'elle avait tué un serpent dans son jardin. « Comment as-tu bien pu le tuer ? », s'est-il exclamé. Et elle a raconté en détail son combat avec une pelle à neige. Alors qu'elle lui décrivait scène par scène ce massacre brutal, il est devenu blanc comme un linge. Le soir venu, impossible d'avoir une érection…

Grave infraction du « code pénien » ! Lorsque vous agissez comme Tarzan, il a l'impression d'être Jane. Ne tuez même pas une mouche en sa présence. Évitez aussi de changer un pneu. En fait, ne changez même pas une ampoule.

Pour mettre un homme dans votre poche, montrez-lui qu'il est le mâle. Ne soyez pas pour autant docile en toutes circonstances.

N'oubliez pas que vous devez aussi représenter un « défi intellectuel » pour lui. Vous devez flatter son ego et non vous montrer *dépendante*. Par conséquent, ne lui laissez pas entendre que vous avez « besoin » de lui dans les domaines suivants :

- bon sens.
- tâches de la vie quotidienne.
- stabilité émotionnelle.
- confiance en vous.
- amour-propre.
- sentiment d'être une personne complète.

Cela dit, sans être dépendante, vous pouvez lui montrer que vous appréciez sa *masculinité*. Il vous mangera dans la main s'il sent que vous aimez sa « virilité » ou que vous admirez son… muscle.

Principe de séduction n° 33

Si vous flattez gentiment son ego, il n'essaiera pas d'obtenir du pouvoir de façon agressive.

Pour obtenir ce que vous attendez de lui, faites-lui des compliments. Ne vous plaignez pas : « Avant, tu m'apportais des fleurs. »

À partir de maintenant, chaque bouquet qu'il vous offre est « le plus beau que vous ayez jamais vu. » Ne lui reprochez pas de ne pas vous inviter à dîner plus souvent. Au contraire, chaque restaurant où il vous emmène est « excellent » voire « sensationnel ».

Lorsqu'il vous invite à un restaurant, s'il vous demande si vous y avez déjà mangé, ne lui parlez pas de vos deux ex qui avaient réservé exactement la même table isolée (à moins que vous ne vouliez plus jamais remettre les pieds dans ce restaurant).

Principe de séduction n° 34

Si vous êtes douce et féminine, vous réveillez son instinct de protection. Si vous êtes agressive, vous réveillez son instinct de compétition.

Si vous donnez à votre partenaire l'impression que c'est vous qui portez la culotte, vous vous engagez dans une bataille sans merci et vous devenez sa rivale. S'il y a compétition, il fera tout pour gagner à vos dépens et vous n'obtiendrez rien de cette façon.

Les hommes ont besoin d'être encouragés. Aussi, faites-leur des compliments lorsque vous êtes satisfaite de leur comportement. Leur mot préféré ? « Meilleur. » Dites à votre partenaire qu'il est *le meilleur* dans tout ce qu'il fait et vous obtiendrez toute son attention.

Flattez son ego. Par exemple, imaginons que vous viviez ensemble. Il veut participer à la décoration de votre appartement. Il y a des chances pour qu'il ressente le besoin d'exprimer sa virilité en accrochant quelque chose au mur (quelque chose qui jure avec tout le reste, de préférence). Lorsqu'il brandit fièrement ses défenses d'éléphant, son épée africaine ou le poster de la Coupe du monde de football de 1998, gardez votre sérieux et dites-lui avec des accents de sincérité dans la voix : « Oui, chéri, c'est d'une beauté renversante ! » Ensuite, affectez son « aide précieuse » à la décoration du garage ou de la cave.

Vous voulez qu'il mette la main à la pâte à la maison ? Donnez-lui le sentiment d'être indispensable (c'est-à-dire puissant). Attribuez-lui de petites tâches – même s'il ne s'agit que de programmer le magnétoscope. Demandez-lui d'accrocher une photo au mur et, avec sa bruyante perceuse électrique, il se prendra pour Rambo. Si la photo est accrochée de travers – ce qui ne manquera pas d'arriver – faites comme si c'était parfait. Attendez qu'il quitte la pièce et redressez-la.

Lorsqu'il reçoit sa feuille de paye, remerciez-le de travailler dur « pour le bénéfice de toute la famille ». Là encore, attendez qu'il quitte la pièce et vérifiez que toutes ses heures supplémentaires lui ont bien été payées.

À chaque fois qu'il se comporte en homme galant, payez un petit tribut à son ego. Faites en sorte qu'il se prenne pour Conan le barbare plusieurs fois par semaine.

Lorsqu'il se rend utile dans la maison, s'il fixe une étagère au mur, par exemple, félicitez-le. Peu importe que l'étagère fasse un angle de 45 degrés et que tous les livres glissent du même côté. Applaudissez comme le plus joyeux des phoques et faites-la rectifier par quelqu'un qui sait bricoler pendant qu'il n'est pas là. Si vous avez le malheur de dire « Elle est de travers », il ne fera plus jamais rien à la maison. Il se sentira plus penaud qu'un petit garçon qui s'est fait tirer les oreilles pendant une séance de travail manuel.

Le renard naïf sait flatter l'ego de son partenaire. Voici quelques-unes de ses ruses pour qu'un homme se sente aussi invincible que King Kong :

- Si vous sortez votre chien le soir, demandez-lui de vous accompagner pour vous « protéger ».

- S'il tue un moucheron, détournez le regard et ne vous retournez pas avant qu'il vous ait garanti que vous ne risquez plus rien.

- Si vous entendez un bruit la nuit (un oiseau qui crotte sur le toit, par exemple), faites comme si vous étiez morte de peur et insistez pour qu'il aille voir ce qui se passe.

- Lorsqu'il revient, dites-lui que vous vous sentez beaucoup plus en sécurité lorsqu'il est avec vous.

- Demandez-lui d'ouvrir les bocaux, de soulever les cartons et de descendre la fermeture éclair de votre robe (même si vous pouvez faire tout cela).

- Lorsque vous regardez un film qui fait peur, serrez-vous contre lui. Pendant les scènes de violence, cachez-vous les yeux et demandez-lui de vous prévenir lorsque ce sera fini.

- S'il fait froid dehors, passez les mains sous son manteau et serrez-vous contre lui pour vous réchauffer.

- Demandez-lui de déplacer les meubles (même si vous pouvez le faire). S'il le fait sans difficulté, écriez-vous : « Comme tu es fort ! C'est impressionnant… »

- Laissez-le garer votre voiture ou la sortir en marche arrière. Si vous lui dites qu'il conduit beaucoup mieux que vous, il vous mangera dans la main. Et il ira laver votre voiture ou faire le plein.

Pour ne pas froisser son ego, il y a des règles simples à respecter. Par exemple, lorsqu'un petit garçon rapporte un dessin de l'école maternelle, sa maman ne lui dit pas : « C'est un chien ou une vache ? Ben dis donc, tu n'as pas le sens de l'observation. » Au contraire, elle s'exclame : « C'est un chef-d'œuvre ! » Alors le gamin se prend pour le prochain Picasso et court faire dix autres dessins.

Lorsque votre partenaire vous invite au restaurant, remerciez-le *une fois* pendant le dîner et encore une fois en lui disant bonne nuit. La gentille fille se confond en remerciements et, le lendemain, elle laisse trois messages sur le répondeur de son petit ami – comme si elle n'avait jamais mangé auparavant.

Ne faites pas comme elle. Au début, laissez votre partenaire payer sans poser de question. Après quelques dîners, rendez l'invitation. Mais ne faites pas 50/50 et, surtout, ne payez pas uniquement ce que vous avez mangé – ce n'est pas un collègue de travail.

Lorsqu'un homme s'intéresse vraiment à une femme, il ne pense pas à l'argent. Il ne fait pas de comptes d'apothicaire : « Tu as pris la salade et j'ai pris la grillade. Tu en as donc pour… » Il ne pense qu'à lui plaire.

S'il n'a pas les moyens, allez visiter un musée ou faire une promenade à vélo. Au restaurant, partagez un plat unique et ne commandez pas d'alcool. Mais s'il veut partager la note dès vos premiers rendez-vous, arrêtez de le voir. Ce n'est pas une question d'argent. Seulement, s'il n'a pas envie de vous impressionner, ce n'est pas bon signe.

Principe de séduction n° 35

Il laisse une chiffe molle payer le restaurant dès les premiers rendez-vous, mais il n'y songerait même pas avec une femme fatale.

Lors de mon émission de radio, une femme a téléphoné pour me demander s'il fallait laisser les hommes payer et j'ai répondu : « Au début, *oui.* » Mon invité et l'ingénieur du son se sont immédiatement écriés : « Ce n'est pas juste ! » En effet. Mais les femmes sont moins bien payées que les hommes sur le marché du travail, elles portent des soutien-gorge pigeonnants et des talons hauts pas toujours très confortables, et elles se tapent les grossesses et les accouchements. Est-ce que c'est juste, ça ? Ne vous posez pas de questions et laissez-le être galant.

En revanche, à la fin du dîner, n'oubliez pas de lui montrer que vous appréciez l'invitation. Faites-lui aussi des compliments sur ses goûts en cuisine et en vin, et sur le choix du restaurant. Si vous n'avez pas aimé, abstenez-vous de tout commentaire.

Le renard naïf évite toujours la critique. Il ne fait pas de remarques. Il manœuvre.

Par exemple, si votre partenaire laisse traîner ses vêtements par terre à côté du lit avant se coucher, ne vous inquiétez pas. Il les ramassera probablement le lendemain matin et il les remettra tels quels.

Quant aux chaussettes et aux caleçons éparpillés dans toute la maison, là, c'est de votre faute. Vous avez acheté un panier à linge avec un couvercle (bien trop compliqué !). Achetez-en un autre sans couvercle, que vous placerez stratégiquement dans un coin. Félicitations ! Vous voilà avec un panier de basket. À chaque fois qu'il fait un panier avec son caleçon sale : deux points.

C'est toujours vous qui remplacez le rouleau de papier hygiénique ? Il a toujours un rouleau neuf, alors qu'il ne vous reste que le dernier petit rectangle collé au carton ? Il n'y pas de quoi s'énerver.

Un dimanche matin, il va tranquillement aux toilettes avec les pages Sport du journal. Il ne remarque pas l'absence de papier hygiénique pendant au moins vingt minutes tant il est absorbé par les résultats des matchs de la veille. Une fois qu'il a fini de lire, vous entendez : « Chérie ? Chérie ?! Tu m'entends ?! » (Pas de réponse.)

C'est le signal que vous attendiez pour sortir la poubelle de cuisine. Tiens, le soleil brille et les oiseaux chantent. (Question subsidiaire : combien de temps lui faudra-t-il pour se rendre compte qu'il y a du rab de papier hygiénique sur l'étagère ?)

S'il ne fait rien à la maison, ne vous plaignez pas en disant : « Tu n'as pas idée de ce que cela nous coûterait si je faisais faire par une femme de ménage tout ce que je fais dans la maison. » Prenez une femme de ménage. Non seulement il connaîtra le prix, mais vous n'aurez plus à vous occuper de l'entretien de la maison.

Une de mes amies, Sandrine, n'en pouvait plus de toujours nettoyer derrière ses enfants et son mari. Elle voulait prendre une femme de ménage une fois par semaine. Mais son mari ne voulait pas payer quelqu'un toutes les semaines, bien qu'ils en aient les moyens, et insistait pour que la femme de ménage ne vienne qu'une fois par mois.

Sandrine a donc joué les renards naïfs : elle a « accepté ». Elle fait un chèque à la femme de ménage une fois par mois et, les trois autres semaines, elle fait un chèque au marché et se fait rendre la monnaie en liquide. Résultat : une maison propre toutes les semaines et pas de disputes.

Le credo du renard naïf ? Ne pas faire de vagues et éviter le conflit. Autrement dit :

- Soyez toujours d'accord.
- Ne donnez pas d'explication.
- Faites ce qui vous arrange. Cela ne fera que vous faciliter la vie.

Par exemple, le renard naïf est suffisamment rusé pour s'éviter des problèmes en exigeant des salles de bains séparées. Avant de faire salle de bains commune avec votre partenaire, sachez que le concept de serviettes de toilette lui est totalement étranger.

Pour lui, une serviette est une serviette – ce qui signifie qu'une serviette de bain peut aussi bien faire office de serviette de plage ou de chiffon pour astiquer la voiture. Vous pensiez qu'il allait épargner celle qui a un petit nœud rose ? Dans vos rêves ! Et où est passée celle que vous utilisez pour le visage ? Regardez du côté des serpillières…

Certains hommes sont exceptionnellement propres. Mais, en général, partager une salle de bains avec un homme, ce n'est pas la panacée ! Vous venez de nettoyer le lavabo et le miroir avec un chiffon qui ne laisse pas de traces et, dix minutes plus tard, il asperge toute la salle de bains. Vous avez l'impression de vivre avec un morse ! Les scientifiques n'ont pas encore mené d'études conjointes avec les zoologues sur les projections d'eau de l'homme. Alors, en attendant, insistez pour avoir votre salle de bains personnelle.

Dans la maison, le renard naïf répartit l'espace avec la plus grande équité. Accordez-lui vingt pour cent de l'armoire mais la totalité du garage ou du sous-sol. Laissez-le également s'occuper de la tondeuse, des voitures, du barbecue et des outils. Les hommes sont attachés à leur territoire.

Aussi, dites-lui clairement que le jardin est *son* domaine. Cela vous sera utile lorsque vous monopoliserez la salle de bains.

Au Japon, il existe un adage intéressant : l'aigle ne montre pas ses griffes. Les femmes occidentales ont l'impression que les Japonaises sont soumises parce que celles-ci s'inclinent devant les hommes et marchent derrière eux dans la rue. Pourtant, lorsqu'ils reçoivent leur salaire, les Japonais le confient à leur femme. *Ce sont les femmes qui tiennent les cordons de la bourse et décident de la façon dont l'argent est dépensé.*

Voilà pourquoi elles marchent derrière leur mari. Ce sont leurs poches remplies d'argent qui les ralentissent !

Non seulement votre partenaire a besoin d'avoir raison, mais il veut aussi être à l'origine de toutes les bonnes idées.

Souvenez-vous, tout est toujours *son idée*. Même si ce n'est pas le cas, vous pouvez facilement l'en persuader.

Lorsque vous êtes entre amis, s'il s'approprie une des vos idées, n'en faites pas toute une histoire. Il a besoin de montrer qu'il est le chef. Ne le corrigez pas et ne lui faites pas honte devant vos amis, sinon vous l'émasculez. Et il se sent comme un petit garçon qui vient de se faire gronder par sa maman devant tous ses copains d'école. En public, sauvez-lui la face.

Si c'est absolument nécessaire, remettez le sujet sur le tapis une fois que vous êtes seule avec lui. Réglez ça *en privé*. S'il s'agit d'une broutille, laissez couler. Quelle importance ? N'entrez pas dans un conflit pour quelque chose de trivial, surtout si vous savez à l'avance que vous n'avez rien à y gagner. Le renard naïf ne se laisse pas marcher sur les pieds, mais il joue la complaisance. Il semble céder une part de son pouvoir, mais il ne fait qu'accroître son influence.

Principe de séduction n° 36

En public, laissez-lui un pouvoir symbolique.
Le seul pouvoir qui compte est celui
que vous avez en privé.

Pour ménager son ego, aidez-le à paraître viril devant les autres. Laissez-le ouvrir les portes et s'annoncer au restaurant : « Durand. Nous sommes quatre. » Cette position de pouvoir n'est que symbolique et n'a donc aucune importance.

Si c'est vraiment vous qui menez la danse, vous n'avez pas besoin de dévoiler votre jeu. S'il vous traite en femme fatale, vous avez tout le pouvoir dont vous avez besoin.

Car le pouvoir féminin est tout aussi puissant. Les hommes contrôlent le monde, mais les femmes contrôlent les hommes. Ce n'est que justice.

Alice, une vieille dame charmante qui est mariée depuis des années m'a confié : « Lorsque je veux faire quelque chose, je fais comme si c'était mon mari qui en avait eu l'idée. Je lui dis : "Chéri, à quel restaurant préfèrerais-tu aller : celui-ci ou celui-là ?" C'est lui qui paie, alors je lui laisse toujours croire que c'est lui qui choisit. Et après le dîner, j'ajoute : "Quelle bonne idée tu as eue !" »

La plupart des hommes savent que les femmes craquent lorsqu'ils sont romantiques. Mais peu de femmes se rendent compte que le pouvoir a le même effet sur les hommes. Il les fait fondre comme du beurre et permet aux femmes de gagner honnêtement un peu d'influence.

Par exemple, les hommes savent que nous aimons les roses. Eux, s'ils ne devaient plus jamais en revoir, ils s'en ficheraient complètement.

Ils ne tiennent pas plus aux roses qu'aux plantes de leur bureau ou aux mauvaises herbes qui poussent dans les fissures des trottoirs.

Mais les femmes ne disent pas non aux hommes qui arrivent avec un beau bouquet de roses.

Lorsque vous flattez l'ego d'un homme, c'est la même chose. Votre partenaire veut vous plaire. Il fera tout ce que vous voudrez juste pour vous entendre dire : « Tu es merveilleux ! » Il gravirait des montagnes pour admiré par la femme qu'il aime.

Principe de séduction n° 37

Si vous lui donnez un sentiment de pouvoir, il voudra vous protéger et vous offrir le monde.

Une fois que vous avez pris votre relation en mains, vous lui donnez ce dont il a besoin (le pouvoir) et *il ne s'en rend même pas compte*. Cette stratégie fonctionne avec les hommes les plus intelligents.

Voici ce qu'Albert Einstein a dit à propos de sa femme à l'occasion de leur cinquantième anniversaire de mariage : « Lorsque nous nous sommes mariés, nous avons fait un pacte : au cours de notre vie commune, je prendrais toutes les grandes décisions et ma femme prendrait toutes les petites.

Pendant cinquante ans, nous avons respecté cet accord. Ce qui est étrange, cependant, c'est qu'en cinquante ans, il n'y a jamais eu de grande décision à prendre. »

Le renard naïf ne jure pas obéissance. Il promet simplement d'*être agréable la plupart du temps*.

Je ne suis pas en train de vous inciter à être docile ni à renoncer à votre pouvoir. Au contraire, je veux vous aider à gagner du pouvoir en canalisant l'énergie de votre partenaire dans *votre* direction. Les hommes ont besoin d'aide en matière d'émotions, car ils ne sont pas toujours conscients de ce qui les motivent.

Donnez-leur l'impression qu'ils détiennent le pouvoir et ils seront beaucoup plus attentifs à vos besoins et feront davantage d'efforts pour vous satisfaire. Ils seront stimulés par ce pouvoir, mais ce sera vous qui tiendrez les rênes.

Le renard naïf est un fin négociateur

Depuis que les femmes ont leur place sur le marché du travail, les hommes ne se sentent plus aussi *indispensables*. Bien qu'ils travaillent toujours autant, ils n'ont plus le sentiment d'être « l'homme de la maison » Comme l'a dit Erica Jong, « Méfiez-vous de l'homme qui est pour la libération de la femme. Il est sur le point de quitter son emploi. »

Les femmes qui réussissent dans la vie disent souvent : « Je ne vais pas m'excuser d'être forte. » Et, en même temps, elle se demandent pourquoi elles ne parviennent pas à trouver un homme. La réponse est simple : parce que les hommes aiment les femmes féminines. Être une chieuse ne signifie pas perdre sa féminité ou essayer à tout prix de porter la culotte. Cela signifie simplement ne pas se laisser marcher sur les pieds.

La superwoman classique veut une relation dans laquelle l'homme et la femme soient « égaux ». Belle théorie mais, dans la pratique, cette relation devient rapidement unilatérale.

Principe de séduction n° 38

Lorsqu'une femme montre qu'elle est capable de tout faire, elle se retrouve à tout faire.

Soyez très attentive au ton que vous allez donner à votre relation. N'initiez pas quelque chose que vous ne voulez pas voir durer. Si vous ne voulez pas faire la cuisine tous les soirs, ne commencez pas à le faire. Si vous ne voulez pas être la seule à faire les courses, n'y allez pas à chaque fois. Laissez votre partenaire jouer son rôle.

Au début, votre partenaire veut faire bonne impression et se montre particulièrement arrangeant. C'est précisément à ce moment-là que vous devez l'aider à prendre de bonnes habitudes. Ainsi, il ne changera plus par la suite.

Par exemple, imaginez qu'après quelques soirées passées ensemble, vous l'embrassiez sous le porche de votre immeuble. C'est le moment d'agir.

Les étoiles brillent, la lune est superbe et vous levez tous deux la tête pour essayer de voir une étoile filante. Il ne remarquera même pas que votre poubelle de cuisine est sous son bras gauche.

Si un homme vous invite à déjeuner ou à dîner, acceptez. S'il suggère un pique-nique, dites que vous voulez un sandwich au thon. S'il vous propose de vous ramener quelque chose du supermarché, demandez un sorbet. Ce n'est pas une question d'argent. Laissez-lui simplement le plaisir de pouvoir satisfaire vos désirs. Encore une fois, il aura l'impression de tenir les rênes, alors que c'est vous qui les tenez.

Habituée à donner, la gentille fille a beaucoup de difficultés à recevoir. Pourtant, les hommes ont besoin de donner, car leur virilité dépend en partie de leur sentiment de responsabilité.

Le renard naïf ne cède pas de son pouvoir ; il en donne juste l'impression. En réalité, cette ruse l'aide à asseoir son pouvoir, car il obtient ce qu'il veut.

Une femme de mon entourage, Michèle, m'a fait part d'une expérience intéressante. Au deuxième rendez-vous, son partenaire lui a demandé de venir le rejoindre chez lui. Elle se retrouvait au pied du mur, mais le renard naïf veillait. Ignorant sa requête, elle lui a demandé gentiment : « Tu préfèrerais qu'on se voie un autre soir ? Si ça ne t'arrange pas ce soir, je comprends. »

Michèle a détourné la question. Elle ne s'est pas énervée et ne lui a rien imposé. Elle lui a simplement donné le choix entre deux possibilités, dont l'une consistait à annuler le rendez-vous. À *lui* de choisir.

Le renard naïf a l'avantage d'être agréable, diplomate et courtois. Bien qu'il paraisse évaporé, il est pleinement conscient de ce qu'il fait et négocie comme en affaires :

1. Il ne dévoile pas totalement qui il est.

2. Il est prêt à partir, si les termes de l'accord ne lui conviennent pas.

Le renard naïf négocie sans avoir besoin de parler en manifestant simplement sa volonté de participer ou non. Si l'offre semble intéressante, il l'accepte, sinon il répond : « Cela aurait été avec plaisir, mais je suis épuisée. » Lorsque votre partenaire se montre galant, réagissez favorablement mais, si ses manières laissent à désirer, retirez-vous subtilement du jeu.

Principe de séduction n° 39

Les hommes ne réagissent pas aux paroles mais à l'absence de contact.

En étant naïve comme un renard, vous pouvez aussi désamorcer une situation dans laquelle votre partenaire s'est montré légèrement irrespectueux. Par exemple, imaginez qu'au premier rendez-vous, alors qu'il vous avance votre chaise, il en profite pour vous caresser le bas du dos – à peine plus bas et il saura si vous portez un slip ou un string. Dans ce cas, jouez les ingénues et faites comme s'il s'agissait d'un accident : « Oups, excusez-moi. »

Dans une situation similaire, mon amie Delphine s'est laissée déstabiliser. Elle était au restaurant avec un homme, qui lui a fait une plaisanterie pour observer sa réaction. Il avait demandé au serveur de tendre la note à sa compagne. Celle-ci a hoché la tête pour montrer qu'elle n'avait jamais vu une chose pareille. Puis, elle s'est mise à cligner des yeux comme si elle avait une hallucination.

Si le renard naïf ne laisse jamais rien paraître, la gentille fille tombe dans l'excès inverse. Un jour, un homme prénommé Paul m'a dit : « Les femmes parlent trop. Quand elles sont contrariées, elles n'arrêtent pas. Je préfèrerais être sur un ring avec Mike Tyson pendant six rounds que d'entendre une femme se répéter éternellement. »

Souvenez-vous de la dernière fois où vous avez entendu un homme dire ce qu'il avait sur le cœur. Au début, vous avez eu l'impression de créer des liens avec lui, mais cela n'a pas duré. Les hommes *veulent* créer des liens, c'est sûr, mais au-dessous de la ceinture.

Évitez de passer deux heures au téléphone avec votre partenaire. Au début, il appréciera l'intérêt que vous lui portez, mais il se lassera très vite. Ne soyez pas trop bavarde, sinon vous téléphoner deviendra une obligation assommante. Soyez brève sans être sèche et il ne se fatiguera jamais de vous appeler.

Principe de séduction n° 40

En parlant trop de votre relation, vous tuez l'inconnu et donc le mystère.

Si vous n'êtes pas dépendante de votre partenaire, vous n'avez pas besoin de parler en détail de votre relation. Si vous êtes sûre de vous, il n'a pas le sentiment d'avoir *une emprise totale sur vous*. Par conséquent, il vous mange dans la main.

Éliminez dès à présent les mots suivants de votre vocabulaire : *il faut qu'on parle*.

Mon amie Laurence m'a fait part de ses observations sur les hommes : « Il faut ruser avec eux, les nourrir, leur donner une bière et amener le sujet comme si de rien n'était. Il suffit de leur donner l'impression de faire autre chose et il ne se rendent compte de rien. »

Lorsque les hommes parlent entre eux, l'un dit ce qu'il a à dire et l'autre répond.

Le premier hoche la tête, tandis que le second grogne vaguement. Le feed-back se limite à quelques phrases. Un clin d'œil et la communication a commencé.

En ce qui concerne les détails de la vie quotidienne, les hommes ne peuvent pas se concentrer plus de deux minutes.

Au-delà de cette limite, leur esprit vagabonde déjà : « J'ai faim, moi. Je me demande ce qu'on mange ce soir. »

Principe de séduction n° 41

Les hommes aiment les femmes qui communiquent de façon concise car c'est ainsi qu'ils communiquent entre eux.

La chieuse et la gentille fille ne communiquent pas de la même façon. La chieuse dit les choses telles qu'elles sont et se fait comprendre en quelques mots. La gentille fille se répand en explications et son partenaire, lui, qu'entend-il ? Rien du tout. En revanche, il constate à quel point elle est dépendante de lui et finit par se lasser.

Le renard naïf est mystérieux

Le renard naïf sait que la familiarité mène au mépris. Aussi, il ne raconte pas sa vie dès les premiers rendez-vous. Il attend que la mayonnaise prenne.

Lorsque vous rencontrez un homme, ne surcompensez pas en monopolisant la conversation. Ne parlez pas constamment *par nervosité*. La sérénité vous rendra plus séduisante et vous donnera davantage de pouvoir.

Un soir, je suis allée boire un verre avec un homme que je venais de rencontrer. Il a commencé à me raconter tous les détails sordides de sa précédente relation. Je n'avais aucune envie d'écouter tout cela, mais je ne l'ai pas critiqué ni rabaissé. Je lui ai simplement demandé poliment : « Et tu as beaucoup de travail au bureau en ce moment ? »

Le renard naïf ne demande pas : « Pourrions-nous changer de sujet ? » Il n'a pas besoin de permission.

Ne lui parlez pas non plus de vos ex. Vous êtes une femme fatale ; vous n'avez pas d'histoires désastreuses à raconter.

Il n'a pas besoin de savoir que votre ex-mari a volé tous vos appareils électroménagers, qu'il ne paie pas la pension alimentaire et qu'il a un frère mafieux qui trafique à ses heures perdues. De même, s'il a de la classe, vous ne l'impressionnerez pas en lui disant que votre ex-petit ami ne peut pas se passer de vous. »

S'il vous interroge sur votre ex, dites simplement : « Nos chemins se sont séparés » ou « Nous ne recherchions pas la même chose ». S'il vous pose des questions sur des sujets qui ne le regardent pas, tenez-vous-en aux généralités.

Jusqu'à quel point pouvez-vous vous dévoiler ? Ne donnez pas d'informations négatives sur vous-même. Inutile de lui dire que vous complexez sur vos cuisses ou qu'aucun homme ne vous a invitée à prendre un verre depuis 7,2 mois. Les curieux n'ont qu'à bien se tenir !

Les hommes partent du principe que vous allez tout faire pour leur mettre la corde au cou. Ils pensent que vous voulez une relation exclusive et beaucoup de bébés. Il est donc important que votre partenaire sache que vous êtes différente. Vous êtes sereine, sûre de vous et heureuse *avec ou sans lui*. Votre bonheur, c'est sa chance !

Principe de séduction n° 42

S'il sait que vous êtes heureuse en toutes circonstances, il se sentira plus libre

Vous avez envie de lui parler de votre glace préférée. Très bien. De vos envies de voyage ? Parfait. De vos soucis professionnels ou de vos problèmes de stérilité ? Pas question.

Vous devez non seulement laisser certaines de ses questions sans réponse, mais ne pas trop vous confier. Lorsque tout sera dit, vous verrez qui il est vraiment. Le seul langage qui comptera alors sera celui de ses actes.

Le renard naïf est fidèle à lui-même

Le renard est un petit animal. Dans le règne animal, c'est une proie. Par conséquent, il veille à ses propres intérêts. La gentille fille, quant à elle, croit tout ce qu'on lui dit, ce qui la met en péril. Le renard sait qu'au début d'une relation les hommes enjolivent leurs intentions et qu'il doit donc rester vigilant.

Ce qu'il ne dira pas	Ce qu'il dira
« Je ne m'intéresse qu'au sexe et je ne veux pas m'engager. »	« J'ai envie d'avoir une relation sérieuse. »
« Couche avec moi et je ferai semblant d'être ton petit ami pendant une semaine. »	« Fais-moi confiance. »
« Est-ce que je peux faire un roulement avec trois autres femmes ? »	« Tu es si différente des autres. »
« Ça te dirait d'être la toquade du moment ? »	« J'en envie de poser mes valises. »

Question : quel est le type qui accumule le plus de conquêtes – celui qui maquille ses intentions ou celui qui joue franc jeu ? Quand un homme a quelque chose derrière la tête, il n'en laisse rien paraître. C'est donc au renard de faire preuve de perspicacité.

Ne dites pas à votre partenaire que vous l'observez. Il se montrera beaucoup plus rapidement sous son vrai jour s'il ne se rend pas compte qu'il est toisé. Lorsqu'il parle de lui ou de ses précédentes relations, il le fait peut-être pour vous aider à « mieux le connaître ». Mais ne lui posez pas trop de questions. Continuez à discuter sur un ton léger. Pourquoi ? Parce que les vérités sortent toujours de façon spontanée. Il vous dira tout ce que vous voulez savoir au détour d'une plaisanterie ou d'une remarque impromptue. S'il s'agit d'un loup déguisé en agneau, vous finirez par voir ses crocs à un moment ou à un autre.

Quand le renard naïf voit quelque chose qui cloche, il n'en parle pas. Il garde ses réflexions pour lui, car il y a des moments où il faut savoir se taire.

Si vous dites à un homme qui vous manipule peut-être que vous l'observez, il essaiera immédiatement de vous faire parler. Et il pensera : « Tu n'es pas sûre de toi » ou « Tu me juges ». Vous le jugez ? Vous avez intérêt ! Seulement, ne lui en dites rien.

Le renard naïf ne compte que sur lui-même et juge les autres en fonction de ses propres expériences. Il prend soin de lui et sait faire les bons choix, car il a observé longuement le comportement de l'homme. Il se fie à ses observations mais aussi à son instinct animal.

Aucun animal traqué ne laisse « le bénéfice du doute ». Le renard sent le danger et se taille à toute vitesse. Ne restez jamais en compagnie d'un homme qui s'est révélé offensant. S'il s'agit d'un accident, soyez indulgente. Sinon, mettez un terme au rendez-vous. Vous savez tout ce que vous vouliez savoir. Au début, amusez-vous et sortez, mais ne montrez pas vos cartes. Et surtout, *prenez votre temps*. Ainsi, non seulement vous pourrez avoir recours à la ruse du renard, mais vous garderez votre indépendance.

La gentille fille se prive d'un mécanisme de protection précieux en partant du principe que la vie est belle ou que le Prince Charmant la protègera toujours. Le renard naïf ne prend pas ses désirs pour la réalité comme Cendrillon. Malgré les apparences, il veille à ses propres intérêts sans en confier la responsabilité à un homme.

C'est ce que font tous les animaux sauvages pour survivre. Et puis le renard connaît – et respecte – la première loi de la nature : chacun pour soi.

5

Ne vous laissez pas mener à la baguette comme un chien de cirque

Quand les femmes renoncent à elles-mêmes et deviennent dépendantes

« Ne négocions jamais sous l'empire de la peur. »

John F. Kennedy

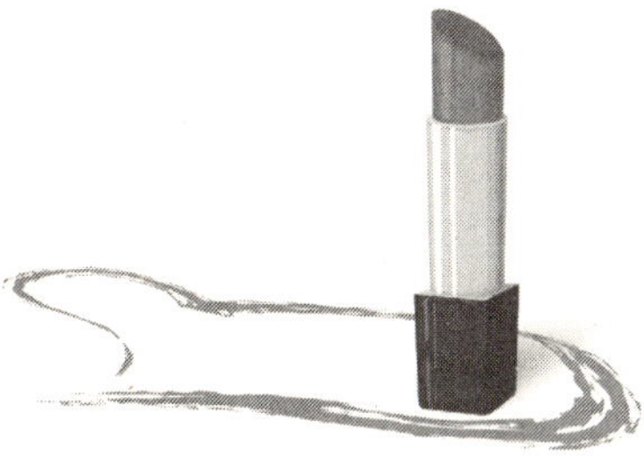

Une nouvelle école : qui est votre patron ?

Quand la gentille fille rencontre un homme, elle fait des concessions qui lui paraissent peu importantes. Elle arrête de faire ce qu'elle faisait tous les jours. Elle cesse de voir ses amis, de prendre des cours de yoga et de jouer au tennis le week-end. Bref, elle ne prend plus le temps de faire ce qu'elle faisait quand elle était seule. Voilà ce qu'elle fait :

- Elle annule un rendez-vous chez le coiffeur… pour déjeuner avec *lui.*
- Elle cesse de faire du sport le soir… pour pouvoir *le* voir.
- Elle ne voit plus ses amis… pour *lui* donner l'impression qu'il est unique.
- Elle annule ses projets… parce qu'*il* va peut-être lui passer un coup de fil.
- Elle n'est pas concentrée à l'école… car elle regarde sans cesse s'*il* lui a laissé un message.
- Elle n'est pas concentrée au bureau… car elle regarde sans cesse s'*il* lui a envoyé un e-mail.

- Elle abandonne sa carrière…
  pour *le* suivre et le soutenir dans *sa* carrière.

- Elle n'a plus aucun rêve en dehors de cette relation…
  car son seul rêve, c'est de vivre avec *lui.*

La chieuse, en revanche, continue à vivre *à son rythme.* Ainsi, elle ne compromet pas son équilibre, contrairement à la gentille fille, qui change toutes ses habitudes.

Principe de séduction n° 43

Si vous cassez votre rythme, vous créez un vide. Et pour remplir ce vide, vous sollicitez votre partenaire et devenez dépendante de lui.

Prenons l'exemple de mon amie Patricia. Elle prend des cours de salsa deux soirs par semaine. Lorsqu'elle a rencontré son petit ami, elle a laissé tomber les cours car il n'aimait pas danser. Elle jouait également au tennis, mais pas lui. Elle a donc arrêté aussi.

Cela n'a l'air de rien, mais ne vous y trompez pas. En renonçant à tout ce qu'elle aime, la gentille fille montre qu'elle n'est pas sûre d'elle. Peut-être craint-elle que son partenaire ne l'aime pas telle qu'elle est.

Une fois qu'elle a abandonné ses activités, elle n'est plus vraiment la même. Et, à un moment donné, son partenaire s'en rend compte et ne s'intéresse plus à elle parce qu'il comprend – avant elle – qu'elle a perdu son indépendance.

Que se passe-t-il lorsqu'elle a perdu son indépendance ? Revenons-en au cas de Patricia, la femme qui a laissé tomber les cours de salsa et le tennis.

Voilà ce qu'elle m'a raconté : « Nous avons passé pratiquement tous les soirs de la semaine ensemble et sommes aussitôt tombés dans la routine. Il ne m'a pas dit que c'est trop pour lui ; il a juste arrêté de sourire, comme s'il n'était plus vraiment heureux. J'étais de plus en plus mal à l'aise et j'ai tout fait pour me montrer affectueuse. Tout ce que je voulais, c'était qu'il soit comme au début. »

Principe de séduction n° 44

La plupart des femmes attendent d'un homme
qu'il leur donne ce qu'elles
se doivent à elles-mêmes.

La gentille fille pense qu'elle renonce à quelque chose pour avoir quelque chose de *mieux* en retour. Or, elle renonce au contrôle de sa propre vie.

Et lorsque vient le moment d'obtenir ce qu'elle attendait, elle est déçue. Non seulement elle n'a rien gagné, mais elle a tout perdu.

Un homme se rend rarement compte de tout ce à quoi la gentille fille renonce. Il ne fait pas les mêmes sacrifices, puisque c'est elle qui adapte sa vie à la sienne. Mais une fois qu'elle a tout laissé tomber, elle veut qu'il en fasse autant.

Elle lui demande d'arrêter de voir sa famille et ses amis. Elle veut qu'il passe tout son temps libre avec elle. Et s'il va au club de sport, elle veut l'accompagner.

La chieuse ne met pas ce genre de pression. Son partenaire apprécie sa compagnie et la respecte parce qu'elle a « une vie ». Si elle va faire de la poterie le soir où il l'invite à sortir, elle décline l'invitation. En y réfléchissant, il se dit : « Elle préfère faire de la poterie que d'être avec moi ? » Et il la désire encore plus !

Principe de séduction n° 45

S'il ne parvient pas à vous arracher à votre vie, c'est que celle-ci vous satisfait et que vous n'êtes pas dépendante de lui.

Si vous aimez la vie *avec ou sans lui*, il vous aimera pour ce que vous êtes.

QUI EST VOTRE PATRON ?

La gentille fille	La chieuse
Elle renonce à ce qu'elle aimait et à ce qui était important dans sa vie. Il est le patron.	Elle conserve ses priorités, ses valeurs et ses préférences. Toujours. Elle reste son propre patron.
Elle est à l'affût d'un éventuel signe de sa part montrant qu'elle en fait trop. Il est le patron.	Elle est fidèle à elle-même. Elle ne lui laisse pas une occasion de s'ennuyer. Elle reste son propre patron.

Elle regardc s'il est satisfait et espère son approbation. Il est le patron.	Elle ne se préoccupe pas de son opinion et n'a pas besoin de son approbation. Elle reste son propre patron.
Quand il est disponible pour elle, elle se sent bien. Quand il l'a snobe, elle se sent mal. Il est le patron.	Elle a confiance en elle. L'humeur de l'autre n'a donc aucune influence sur elle. En son absence, elle joue au tennis. Elle reste son propre patron.
Elle considère ses centres d'intérêts comme secondaires. Il est le patron.	Elle attache de l'importance à ses centres d'intérêts. C'est sa vie. Elle reste son propre patron.
Elle donne tout tout de suite et négocie la réciproque ensuite. Il est le patron.	Elle ne donne que lorsque c'est réciproque. Elle reste son propre patron.

Lorsqu'une relation commence sur les chapeaux de roues, au bout d'un moment, l'homme prend du recul car il a besoin d'espace. À ce moment-là, la gentille fille se sent en déséquilibre.

Elle se montre dépendante et essaie de regagner l'affection de son partenaire. C'est là qu'elle se comporte comme un chien de cirque. Mais les hommes n'ont aucun respect pour les femmes qui ont besoin de leur approbation, surtout si elles surcompensent pour l'obtenir.

Un homme a besoin de « faire des offrandes ». Il faut qu'il soit un peu vigilant. Il doit s'assurer qu'il a lacé ses chaussures, boutonné son pantalon et qu'il n'a pas oublié ses bonnes manières. S'il vous ouvre la porte de la voiture, c'est qu'il a du respect pour vous.

En quelque sorte, vous restez une chieuse à ses yeux parce que vous l'obligez à se surveiller. Il ne prend pas ses aises avec vous.

Principe de séduction n° 46

Dès lors que vous faites des efforts pour répondre à ses critères, vousdénaturez la relation.

Tant que vous resterez fidèle à vous-même, il aura besoin de vous. Lorsqu'il pensera à vous, il pensera automatiquement à ce que vous aimez et aux différentes façons dont il peut vous faire plaisir.

Les femmes ont tendance à annuler trop facilement leurs projets. Les hommes, eux, ne renoncent pourtant pas aux « soirées avec les copains ». Ils ne renoncent pas à leur carrière, à leur sommeil, à leurs repas (la plupart ne renoncent même pas à leurs mères). C'est pourquoi ils ont davantage de respect pour les femmes qui préservent leurs centres d'intérêt

À quand remonte la dernière fois que vous avez entendu un homme appeler son coiffeur pour lui dire : « Je vais être obligé d'annuler mon rendez-vous de 14 h 15. Ma petite amie et moi avons besoin de passer du temps ensemble pour mieux nous connaître » ? Cela n'arrive jamais.

Même si, la veille, vous lui avez offert la meilleure partie de jambes en l'air de sa vie en vous accrochant au lustre et en poussant des cris à faire fuir les chats de gouttière, à 14 h 15, il sera chez le coiffeur. Les hommes passent facilement du romantique au pratique – et la chieuse aussi.

La gentille fille, en revanche, est trop dépendante pour agir librement. « C'est lui qui m'a draguée », insiste-t-elle. Peut-être, mais ce n'est pas une raison pour accourir dès qu'il appelle. Vous êtes votre propre patron, oui ou non ?

Dans une course automobile, même le champion a dû passer au stand pour faire changer les pneus de sa voiture. Sinon, il n'aurait pas pu continuer. Il aurait perdu le contrôle de son véhicule. Mais les hommes n'ont souvent pas de vision à long terme. Par conséquent, si vous laissez à votre partenaire le contrôle de la vitesse, il peut très bien mener votre relation droit dans le mur.

C'est à vous de donner le rythme. Sinon, il fera de vous ce qu'il lui plaira. S'il a constamment envie de vous voir, ce n'est pas forcément bon signe. Même si c'est un type bien, ne *lui consacrez pas tout votre temps*.

Au début, accordez-lui les deux tiers du temps qu'il réclame. En ce qui concerne le dernier tiers, vous avez « d'autres projets ». Ne restez pas à la maison à vous tourner les pouces en attendant qu'il vous appelle. *Ne changez rien à vos habitudes*. Si vous perdez votre rythme, vous perdez votre équilibre psychologique et devenez dépendante.

Mon ancienne colocataire, Gaëlle, était très douée à ce jeu-là. Elle éteignait souvent la sonnerie de son téléphone et ne prenait aucun appel. Quand elle était fatiguée, elle annulait son rendez-vous. Elle prenait un verre de vin et se détendait avec un bon livre ou devant la télévision. Or, elle s'est toujours fait draguer par des hommes très classe.

Être une chieuse ne signifie pas être arrogante. Contrairement à ce que les médias essaient de nous faire croire, il ne s'agit pas d'être tendance, cool et prétentieuse. Le pouvoir de la chieuse provient de sa capacité à garder le contrôle d'elle-même. Du reste, une femme arrogante ne vit généralement pas à son rythme, car elle essaie de se montrer plus forte qu'elle ne l'est en réalité.

Gregory Corso a dit : « Le pouvoir, c'est d'être au coin de la rue à n'attendre personne. » Si vous n'attendez personne, c'est que vous n'avez *besoin* de personne. Par conséquent, si un homme s'intéresse à vous, c'est lui qui doit venir à vous. Vous ne cherchez pas son approbation mais uniquement la satisfaction de vos propres besoins.

Mon amie Élise fréquentait depuis quelque temps un chirurgien esthétique, Julien. Ils vivaient chacun chez soi et, un soir, elle lui a préparé un dîner. Mais il a annulé à la dernière minute parce qu'il avait permuté avec un autre chirurgien. Or, Élise avait déjà tout préparé, puisqu'il devait arriver une demi-heure plus tard. S'il avait téléphoné le matin, lorsqu'il avait accepté de permuter, elle ne se serait pas donné autant de mal. Mais elle s'est laissée mener à la baguette. Elle lui a proposé de reporter le dîner au lendemain *et* de le préparer chez lui. Elle aurait dû bannir les dîners avec lui et lui dire : « Mmm. C'est vraiment bon, Julien. Dommage que tu rates ça. »

Lorsqu'une femme se laisse traiter irrespectueusement, elle perd définitivement tout respect. Comme on pouvait s'y attendre, Élise est allée chez Julien le lendemain, mais il ne lui en a pas été reconnaissant, ce qui l'a profondément blessée. Ils ont cessé de se voir peu après.

La chieuse pense d'abord à elle. Quand elle dit non, c'est non. Elle n'est pas désagréable, mais elle dit les choses clairement. Elle sait être aimable tout en restant ferme.

Les hommes la respectent, car elle sait ce qu'elle veut. Lorsqu'un homme est en retard à un rendez-vous, par exemple, elle est contrariée, mais ne montre aucun débordement émotionnel. Elle dit simplement : « Ne me fais pas perdre mon temps. Si tu es en retard, préviens-moi pour que je puisse m'organiser. J'ai mieux à faire que de passer mon temps à attendre. »

S'il est encore en retard au rendez-vous suivant, elle l'attend quinze ou vingt minutes puis s'en va. Elle a une vie, elle aussi. À aucun moment elle ne renonce à elle.

Lorsque vous vous trouvez dans ce genre de situation, posez-vous les questions suivantes : comment voit-il les choses ? Que déduit-il de ma façon de réagir à son comportement ?

Ne vous laissez pas marcher sur les pieds :

- Déterminez votre rythme et respectez-le.
- Sachez qui vous êtes et ce que pouvez accepter ou non.
- Sachez prendre une décision sans y réfléchir à deux fois et sans émotivité.
- Sachez vous contrôler, car votre *véritable* pouvoir, c'est le contrôle que vous exercez sur *vous-même.*

Gardez le contrôle de vous-même et vous resterez votre propre patron – et, ironie du sort, vous deviendrez aussi le sien.

De la godiche à l'effrontée

Un homme se lasse vite d'une femme trop émotive ou trop godiche. La chieuse est plus effrontée, ce qui plaît davantage aux hommes, car eux-mêmes ne sont pas tendres entre eux.

Les hommes sont effrayés par les relations basées uniquement sur les émotions. L'un d'eux m'a raconté à quel point il était rebuté par les cartes romantiques que lui envoyait sans cesse une femme qu'il venait de rencontrer.

Un autre m'a confessé qu'une femme, qu'il venait de rencontrer, lui lisait constamment des poèmes : « Ils étaient toujours interminables. Certains étaient courts mais ennuyeux quand même. En tous cas, ils étaient tous nuls. "Mon amour pour *vous*…" ou "Mon cœur est plein d'amour et se gonfle sous ma poitrine." En plus, elle pleurait en les lisant. J'ai fini par éviter ses coups de fil. »

Un autre encore, après m'avoir décrit ses soirées avec une femme qu'il connaissait depuis trois semaines, m'a déclaré : « Un homme n'a pas besoin d'entendre une femme lui dire qu'elle l'aime toutes les trente secondes. Cette femme me le dit sans arrêt. J'ai l'impression d'être en face d'un perroquet : Je t'aime… Je t'aime… Je t'aime… Je t'aime… Je t'aime ! »

Lorsqu'une femme veut absolument avoir une relation amoureuse, les hommes s'en rendent compte.

Avez-vous douze livres sur les relations hommes/femmes sur votre table basse ? Écumez-vous les petites annonces dans la presse ou sur Internet ? Avez-vous une copine qui précise toujours que vous êtes célibataire ? Avez-vous déjà été trahie par votre répondeur ? Vous rentrez chez vous avec un homme après avoir passé la soirée avec lui et vous appuyez sur la touche lecture de votre répondeur : « Salut, c'est moi. Il y a une soirée spéciale célibataires à la boîte samedi soir. Les consos sont gratuites. Et il paraît qu'il y a un nouvel arrivage de divorcés. Les premières seront les mieux servies ! »

Ne soyez pas à l'affût des bonnes occasions. Si vous vous jetez à la tête d'un homme, vous ne représentez pas un défi pour lui. N'ayez pas peur de jouer les effrontées pour lui montrer que vous ne l'avez pas attendu. Vous avez une vie. Vous avez d'autres priorités, dont certaines passent avant lui.

Principe de séduction n° 47

Si vous lui montrez que vous êtes prête à tout lui donner, il vous mènera à la baguette.

- Ne passez pas des heures au téléphone avant votre premier rendez-vous. Plaisantez. Soyez audacieuse et effrontée. Décidez de l'heure et de l'endroit et mettez fin poliment à la conversation.

- N'entrez pas dans de grandes discussions dès le début. Évitez le jargon de psy du genre *cathartique*, *désirs inconscients* et *voix intérieure*. Ne lui dites pas que vous voulez que vos âmes se rencontrent.

- Si vous croyez à l'astrologie, ne lui dites pas que vous ne pouvez le voir que lorsque Mercure s'approche de la lune pour amorcer un mouvement rétrograde autour de Jupiter en passant par Pluton.

- Ne lui dites pas ce que vous avez été dans une vie antérieure ni ce que vous avez l'intention d'être dans une prochaine vie. Il ne vous écoutera pas plus d'une minute.

- Au début, évitez de le voir deux soirs de suite. Accordez-lui une ou deux soirées par semaine.

- Ne boudez pas lorsqu'il ne vous appelle pas. Il faut qu'il se demande ce que vous faites quand vous n'êtes pas avec lui. Espacez vous aussi vos appels pour vous faire désirer et lui laisser le temps de recharger ses batteries.

- S'il vous emmène dans un bon restaurant, ne commandez pas une branche de céleri « avec de l'huile et du vinaigre à part » pour ensuite picorer dans son assiette comme un oiseau-mouche. N'essayez pas de l'impressionner avec vos bonnes manières. Soyez spontanée.

- Ne dévoilez pas dès le premier dîner toute votre vie depuis votre enfance.

- N'essayez pas de résoudre ses problèmes. Ne vous prenez pas pour son psy.

- Ne l'accompagnez pas lorsqu'il sort avec ses amis. Vous n'êtes pas son meilleur pote.

- Ne passez pas devant chez lui en voiture, les phares éteints, pour voir s'il est là.

- Si, après être sorti avec ses copains, il vous demande de le rejoindre chez lui à une heure tardive, ne répondez pas au doigt et à l'œil.

- Évitez de fréquenter un homme qui a un problème de dépendance, quel qu'il soit, dans l'espoir de l'aider à s'en sortir. Ne l'accompagnez pas aux réunions des Alcooliques Anonymes. Laissez-le se débrouiller tout seul. S'il se maltraite, il vous maltraitera aussi.

- Ne l'appelez pas deux fois de suite, même si vous tombez sur son répondeur. Ne laissez pas de longs messages romantiques. Soyez douce et aimable, mais concise.

- Ne lui envoyez pas deux e-mails d'affilée. Ne lui écrivez pas de longs messages sur ce que vous ressentez ou sur ce dont vous avez besoin. Lorsqu'il vous envoie un e-mail, ne lui répondez pas dans les trente secondes à chaque fois.

- Ne cessez pas de manger, de dormir ni de faire du sport. Ne changez pas vos habitudes. S'il veut passer avec vous plus de temps que vous ne pouvez lui en accorder, invitez-le à se joindre à vous lorsque vous promenez votre chien ou lorsque vous allez faire du vélo.

- Ne lui demandez pas de venir vous voir parce qu'il vous manque.

- Si vous devez le rappeler, ne le faites pas dès que vous arrivez chez vous. Prenez le temps de manger, de prendre une douche et de vous détendre. Faites les choses à votre rythme et appelez-le ensuite. Il doit savoir que vous avez une vie… *tous* les jours.

- Si vous avez un autre appel pendant que vous êtes en ligne avec lui, ne lui dites pas : « Ne raccroche pas ! Qui que ce soit, je vais m'en débarrasser ! » Lorsque vous le reprenez, ne lui dites pas nécessairement qui était au bout du fil. « C'était le véto. Tigrou a mal a une oreille. »

- Ne faites pas quarante minutes de voiture dans les embouteillages pour le voir sous prétexte que vous avez une colocataire alors qu'il vit seul. N'hésitez pas à lui demander de faire le trajet à son tour.
- Ne réclamez pas de l'affection. N'essayez pas d'en obtenir en le câlinant. Ne lui en donnez pas lorsqu'il n'est pas affectueux. S'il vous ignore, n'en rajoutez pas : « Chéri, tu veux que je te gratte le dos ? »
- Ne soyez pas esclave du téléphone. Ne réécoutez pas sans arrêt ses messages. Gardez du recul. Que vous apporte-t-il ? Vous sentez-vous bien après l'avoir vu ? (Sinon, effacez ses messages.)
- Ne mettez pas son numéro de téléphone en mémoire dès la première semaine. Ne l'appelez pas sans cesse pour raccrocher dès que vous aurez entendu sa voix. Il saura que c'est vous.
- S'il est de mauvaise humeur, trouvez une excuse et allez faire autre chose.
- Surtout, continuez à vivre comme vous l'avez toujours fait. C'est précisément ce qui lui plaît chez vous.

Principe de séduction n° 48

Ne vous enlisez pas dans des sables mouvants.
Si vousne gardez pas le contrôle de vous-même,
votre relation est vouée à l'échec.

L'ABC de la chieuse de base

Un homme voit si une femme en fait trop dès le premier message qu'il laisse sur son répondeur. Si elle en fait trop pour l'impressionner, le séduire ou se montrer sexy, il en déduit qu'elle est dépendante. *La chieuse n'essaie pas de faire bonne impression.*

Imaginons qu'un homme compose le numéro de téléphone d'une femme. Le répondeur se déclenche. Une voix câline qui donne l'impression que la femme est à moitié endormie se fait entendre : « Bonjour vous. Vous êtes sur le répondeur de Marie. Je traîne par-ci par-là et je ne suis pas tout à fait disponible pour l'instant, maaaaaais… [pouffement] si vous avez la gentillesse de laisser un message après le bip, je ferai de mon mieux pour vous rappeler dèèès que j'aurai une minute. Je viens de rentrer des Baléares eeet je n'ai pas encore défait mes valises. Mais dès que j'ai un moment de libre, je vous rappelle. Après le bip, c'est à vous. Ciaao, mmouah, passez une merveilleuse journée et surtout merci de m'avoir appelée. » Bip ! Elle a sûrement des bas résilles et un maquereau !

Les hommes disent souvent qu'ils aiment les femmes naturelles. Ce n'est pas une question de maquillage ni de décoloration.

Il ne s'agit pas non plus d'être végétarienne et de ne boire que du lait de soja. Être naturelle, c'est simplement ne rien faire d'excessif pour attirer l'attention. Lorsqu'une femme en fait trop, elle se comporte comme un chien de cirque.

Principe de séduction n° 49

Si vous en faites trop, il aura l'impression de pouvoir avoir le beurre et l'argent du beurre. Gardez vos distances et il sera charmant.

Voici l'exemple d'une femme, Sarah, qui en a vraiment trop fait. C'est un scénario classique. Sarah a acheté un billet d'avion pour aller voir Micheal, un Anglais qu'elle n'avait vu qu'une seule fois, alors qu'il passait un week-end en France. Ils étaient restés en contact pendant un mois par e-mail et par téléphone. Persuadée que c'était le bon, Sarah a décidé de le revoir.

Le billet d'avion lui a coûté 400 euros. Micheal, de son côté, a accepté de payer l'hébergement, qui s'est révélé être un petit hôtel minable à 40 euros.

Lorsque Sarah est arrivée, ils ont couché ensemble dans la chambre. Ensuite, il l'a emmenée prendre un café en utilisant des coupons qui étaient offerts avec la chambre. Ensuite, ils ont de nouveau couché ensemble et, *pendant ce temps*, il a regardé un match de foot.

Ce fut un moment inoubliable. Pas de préliminaires. Pas de bougies. Pas de musique douce. Pas de douche ensemble. Non, un œil sur elle, un œil sur le foot. Et il écoutait les commentaires : « Magnifique passe et c'est le buuuut ! » N'importe qui – même un homme qui a été élevé en prison – sait qu'il est grossier de regarder un match de foot pendant l'amour. Après cette petite « escapade romantique », Sarah n'avait qu'une idée en tête : rentrer chez elle.

Maintenant, comparons l'investissement financier de chacun. Michael a fait l'amour tout le week-end sans rater le match de foot (pas mal pour 40 euros). Sarah en a eu pour plus de 400 euros.

Cela dit, elle a eu deux paquets de cacahouètes gratuits dans l'avion, dont chacun contenait 2,5 cacahouètes, soit un total de 5 cacahouètes. Mais même si elle divisait ses cacahouètes en moitiés de cacahouètes, ce ne serait toujours pas équitable.

La chieuse ne se serait jamais mise dans cette position. Elle aurait demandé à son ami de venir la voir *et* elle aurait suggéré un hôtel qui lui convenait.

Si la gentille fille se met en quatre et surcompense, c'est parce qu'elle espère être comblée. Mais la déception est amère. Il est parfois préférable de garder un peu ses distances pour permettre à l'autre de recharger ses batteries.

La gentille fille ne prend pas de recul, car elle convaincue que « c'est le bon ». Mais ce fantasme est un handicap, car il la pousse à mettre son partenaire au centre de sa vie.

En outre, beaucoup de relations amoureuses sont basées sur la *peur*. Une femme prénommée Marion m'a avoué : « Je ne peux pas dire non à mon petit ami. Par exemple, je vais chez lui et j'attends dans ma voiture jusqu'à qu'il rentre du travail. Ensuite, je mange et je me couche tard, bien que je doive me lever tôt. Le lendemain, je suis complètement épuisée. »

Je lui ai demandé pourquoi elle ne lui disait pas tout simplement : « Pas ce soir, chéri. J'ai vraiment besoin de faire une pause. » Et elle m'a répondu : « Parce qu'il se fâche. Je crois qu'au fond de moi, j'ai peur qu'il me remplace par une autre. »

La chieuse n'est pas motivée par la peur de perdre un homme, parce qu'elle sait qu'elle risquerait de se perdre elle-même.

Sachez que, si vous renoncez à vous-même petit à petit, c'est l'accumulation de concessions qui vous épuisera.

Le processus est simple :

- Vous avez l'impression que ce que votre partenaire vous donne est absolument vital.
- En raison de ce fantasme, vous renoncez à vos besoins quotidiens.
- Vous vous sentez de plus en plus épuisée, mais vous continuez à faire des efforts en pensant qu'il finira par vous combler.
- Il voit votre désir de bien faire et lève le pied.
- Vous vous en rendez compte et faites le maximum pour qu'il redevienne comme au début.
- La situation empire, car vous êtes de plus en plus épuisée.

La solution ? Arrêtez de fantasmer. Si vous pensez que vous regretterez d'avoir donné ce qu'il vous demande aujourd'hui, ne le lui donnez pas.

Ne donnez que ce que vous pouvez donner spontanément. Ainsi, vous garderez les pieds sur terre.

Vous vous souvenez des belles théories que vous avez apprises dès la plus tendre enfance ? Dans la pratique, il faut les modifier un peu.

Remplacez…	Par…
« Fais pour les autres ce que tu aimerais qu'ils fassent pour toi. »	« Ne fais rien pour les autres avant d'être sûre qu'ils soient dignes de confiance. »
« L'amour est toujours vainqueur. »	« L'amour sera vainqueur quand il aura tout donné. »
« Mieux vaut donner que recevoir. »	« Mieux vaut donner *et* recevoir. »
« Charité bien ordonnée commence par soi-même »	« Personne ne fait la charité à personne. »
« Tout est bien qui finit bien. »	« Tout est bien pour celles qui assurent bien leurs arrières. »
« Aime ton prochain comme toi-même. »	« Aime-toi d'abord et ton prochain sera heureux de vivre auprès de toi. »

Principe de séduction n° 50

La gentille fille renonce trop à elle-même dès lors qu'elle donne plus d'importance au plaisir de sonpartenaire qu'à son propre plaisir.

Dans la vie quotidienne, le principe de séduction n° 50 est souvent très subtil. Par exemple, imaginez une femme qui doit jongler entre sa vie professionnelle et sa vie privée. Un homme l'invite à dîner : « Mercredi, ça te convient ? ». « Pas tellement, je travaille en semaine », répond-elle. « D'accord, pourquoi pas mardi ou jeudi alors ? ». Et elle accepte. Il ne prend pas ses besoins en compte et, pire encore, elle non plus. Alors elle sort en semaine, grincheuse et irritable, parce qu'elle a beaucoup travaillé et ne s'est pas reposée.

La chieuse choisit toujours la facilité. Et il n'est pas difficile de dire : « Le week-end, ce serait mieux. » Mieux pour *tout le monde* d'ailleurs. La chieuse ne se laisse pas influencer.

Catherine a rencontré un homme qui, lors de leur premier dîner, voulait absolument lui imposer un plat. Il n'arrêtait pas de dire : « Il *faut* que tu essaies ça ! » Elle s'est montrée courtoise mais ferme et, finalement, elle a commandé ce qu'elle voulait. Ensuite, il a demandé une bouteille de vin, alors qu'elle avait précisé qu'elle ne voulait pas boire avant de prendre le volant. Il lui a versé un verre et ils ont porté un toast, alors elle n'a rien dit. Elle a trempé ses lèvres une fois dans son verre et elle n'y a plus touché.

Ce qui est important dans cet exemple, c'est qu'elle ne s'est pas expliquée. Elle a simplement fait ce qu'elle a voulu. Elle ne lui a pas demandé la permission. Elle a agi selon ses vœux.

Une autre femme que je connais m'a raconté une histoire encore plus extravagante. Au deuxième rendez-vous, un homme lui a demandé de se lever à 4 heures du matin pour l'emmener à l'aéroport ! Il avait déjà tout organisé : « Tu pourrais te lever à 4 heures, passer me chercher à 5 heures, me déposer à l'aéroport à 6 heures, rentrer chez toi à 7 heures, prendre ta douche et arriver au bureau à 8 heures. » (Le dresseur avait déjà prévu le circuit du chien de cirque.) Bien sûr, l'idée de débourser 7 euros pour prendre une navette au lieu de la tirer du lit à une heure indue ne lui a pas traversé l'esprit. Elle a répondu poliment : « Je suis désolée. Je vais être occupée. » Alors, il s'est écrié : « Comment ça, occupée ? Occupée à quoi ? À dormir ? » Et elle lui a dit en souriant : « Oui. »

Si un homme veut vous mener à la baguette comme un chien de cirque, ne vous laissez pas faire. Ignorez-le. Et ne croyez pas ce qu'il dit mais uniquement ce qu'il fait. Fiez-vous à vos observations.

De même, n'attendez pas qu'il vous appelle pour avoir une vie. Lorsque vous invitez une copine à la maison, si elle vous dit qu'elle préfère attendre de voir si son petit ami va l'appeler avant de vous donner une réponse, qu'en déduisez-vous ? Qu'elle est aux abois. Elle ne fait pas de projets tant qu'elle garde l'espoir de recevoir un coup de fil. Ensuite, seulement, elle vous rappelle : « D'accord, on peut se voir ». Mais il est déjà 22 heures.

Si votre partenaire ne respecte pas votre temps, la solution est simple : ne lui en accordez pas.

Voici un dernier exemple pour vous convaincre de ne pas vous laisser mener à la baguette – en outre, il prouve que, contrairement aux idées reçues, les hommes ne sont pas nécessairement attirés par la beauté et la jeunesse. Caroline a dix-neuf ans. Elle est tellement mignonne qu'elle pourrait faire la couverture de n'importe quel magazine pour hommes. Et pourtant, elle est venue pleurer sur mon épaule : son petit ami, Éric, lui a avoué qu'il louchait sur les minettes de seize ans quand il sortait avec ses copains.

Voici la version d'Éric : « Je ne l'aime pas tout à fait comme elle m'aime. » En effet, il m'a raconté ce qui s'est passé un jour où elle faisait sa lessive chez lui : « Après avoir fait ma lessive, elle m'a dit qu'elle allait rentrer chez elle. Alors, j'ai été vraiment infect avec elle. Je lui ai dit qu'il y en avait encore trois à faire. Et elle les a faites. Si elle m'avait crié "Va te faire voir" en claquant la porte, j'aurais eu du respect pour elle. »

Un conseil : lorsque vous êtes chez lui, ne faites pas le ménage. La seule lessive que vous deviez faire, c'est la vôtre. La seule baignoire que vous deviez récurer, c'est la vôtre. S'il vit dans une bauge, allez chez vous. S'il vous demande de l'aider à faire le ménage, esquivez subtilement sa requête. Dites-lui que la femme de ménage ne travaille pas le dimanche.

Principe de séduction n° 51

Si vous avez l'impression d'en faire trop, c'est que votre relation n'est pas saine. Sinon, tout serait beaucoup plus facile et moins contraignant.

Souvenez-vous, ce n'est pas qu'une question d'homme. C'est votre vie qui est en jeu. Et elle trop précieuse pour être gâchée. Agissez en votre âme et conscience, surtout lorsqu'il s'agit de laisser entrer quelqu'un dans votre intimité. Vous ne le regretterez pas et vous y gagnerez en dignité.

6

Arrêtez de le harceler

Que faire s'il considère que vous faites partie du décor malgré vos remarques continuelles

« Mieux vaut bien faire que bien parler. »

Benjamin Franklin

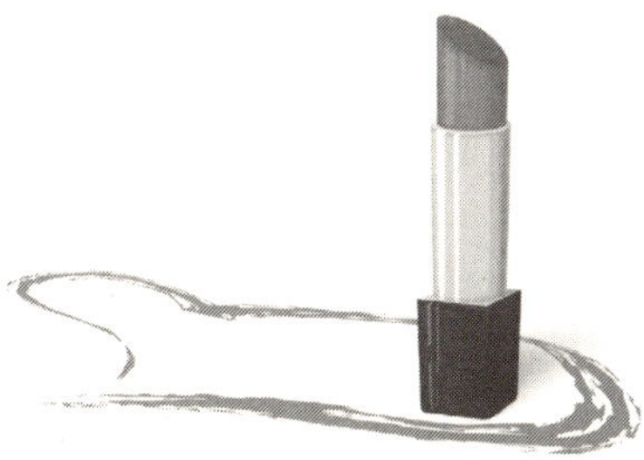

Amante ou mère ?

C'est le scénario classique : une gentille fille essaie de faire plaisir à un homme. Il rentre du travail et elle commence à discuter avec lui. Il la rembarre en disant : « Je suis fatigué. » Elle prépare un bon dîner, mais il mange devant la télé pour pouvoir voir le match de foot. Elle se fait belle, mais il ne remarque rien. En revanche, pendant les pubs, il bave devant les minettes en maillot de bain. Conclusion : elle fait partie du décor.

Telle une SDF prête à tout pour manger, la gentille fille est prête à tout pour obtenir de l'attention. Lorsqu'il ne fait pas attention à elle, elle le harcèle. Mais ça ne marche pas. Elle doit absolument changer de comportement. Car plus on harcèle un homme, plus il se renferme.

N'oubliez pas qu'à l'intérieur de chaque homme, il y a un petit garçon de trois ans sensible à la critique. Lorsque vous faites sans cesse des remarques à votre partenaire, vous réveillez le petit garçon qui est en lui et vous heurtez sa sensibilité.

Alors, il vous zappe – exactement comme s'il changeait de chaîne à la télévision. Et il ne vous réécoutera que lorsque vous aurez fini de le harceler. Son pantalon prend feu et la pièce est remplie de fumée ? Peu importe. Il n'entend pas un mot de ce que vous dites. Vous devez donc communiquer par des actes et non par des paroles. Un homme ne parle pas longuement de ce qu'il ressent. Aussi, à partir du moment où vous vous répétez, il se sent harcelé.

Ne demandez pas deux fois de suite à un homme de faire quelque chose ou il aura l'impression de se faire gronder par sa maman. Si vous le harcelez, il se comportera comme un adolescent rebelle.

Principe de séduction n° 52

Si vous le harcelez, il ne vous écoute pas.
Pour qu'il soit attentif, communiquez par des actes.

Comment un adorable petit garçon peut-il devenir un homme indifférent ? D'après Freud, tout se joue dans les années de l'apprentissage de la propreté. Pour bien comprendre pourquoi une femme finit par faire partie du décor, examinons le comportement du petit garçon.

L'enfant de trois ans cherche à être indépendant de sa mère tout en souhaitant qu'elle reste à sa portée. Alors, il essaie de voir jusqu'où il peut aller sans risquer de la perdre. Il se sauve pour se cacher dans un coin, s'arrête et revient en courant pour s'assurer qu'elle est toujours là.

Dans le cas de l'homme adulte, il existe une étape intermédiaire. Avant de revenir en courant, il regarde par-dessus son épaule pour voir comment la « maman » réagit. Est-ce qu'elle me gronde ? Est-ce qu'elle panique ? Est-ce qu'elle me suit ? En fonction de cette réaction, il décide de se rapprocher ou de s'éloigner encore plus.

Principe de séduction n° 53

Un homme qui ne fait pas attention à sa partenaire a tout de même besoin de savoir qu'elle est là.

Le harceler ne sert à rien. Il en déduira seulement qu'il peut continuer à être distant puisque vous êtes toujours là. La négociation ne passe pas par la parole. Il ne va pas vous dire : « Écoute, j'ai envie d'être indifférent, mais j'aimerais que tu continues à me faire la cuisine et à coucher avec moi quand j'en ai envie. D'ailleurs, je me sens plutôt chaud là… tu viens ? »

Si une femme acceptait ces conditions, on la prendrait pour une folle. Et pourtant, la plupart des femmes les acceptent. Tous les jours. Réfléchissez : au début, votre partenaire a tout fait pour se montrer galant. Il vous ouvrait la porte de la voiture, vous laissait commander la première, etc. Il savait être aux petits soins pour vous. Que s'est-il passé ? Le relâchement s'est effectué petit à petit, sans consentement de votre part ni négociation. Quand vous vous en êtes rendu compte, il était déjà trop tard. Alors, vous le harcelez pour qu'il se reprenne.

Vous essayez de le secouer : « Tu ne m'offres plus jamais de fleurs » ou « Nous ne passons jamais de temps ensemble ». *À ce moment-là, il sait qu'il a gagné.* Il n'a plus besoin de participer, car il se dit que sa présence suffit à vous satisfaire. « Nous sommes ensemble là, non ? » ironise-t-il.

Pour que le petit garçon de trois ans revienne vers sa maman, celle-ci doit rester *hors de sa portée.* Si vous le harcelez, il sent que vous êtes prise au piège et que vous l'attendez. Vous l'attendez pour qu'il vous donne plus, qu'il participe plus ou qu'il soit plus attentif. Mais vous l'attendez. *Vous êtes dans l'expectative.*

Or, s'il ne veut pas être pris au piège, il ne veut pas non plus que vous vous y laissiez prendre. Vous devez donc changer radicalement de comportement.

S'il se montre indifférent, c'est qu'il a pour vous le même genre d'amour que pour sa mère, sa grand-mère ou toute autre femme qui l'a élevé. Vous êtes devenue une femme sur qui on peut compter. Même si vous criez après lui, il sait que vous êtes là pour lui. « Elle me casse les pieds, mais je peux faire ce que je veux – elle m'aimera toujours. » Bref, il se sent un peu trop en sécurité. Il serait temps de lui retirer son doudou !

Même s'ils savent que c'est mal, les hommes ne peuvent pas s'empêcher d'essayer de voir jusqu'où ils peuvent aller. L'un d'eux m'a avoué : « S'il y a moyen de se défiler, on se défile. » Cela ne veut pas dire qu'il n'y ait pas de braves types.

Seulement, ils ne veulent pas de quelque chose qu'ils n'ont pas gagné. C'est pourquoi un homme qui se respecte est toujours attiré par les femmes qui ne se laissent pas marcher sur les pieds.

Si vous avez l'impression de faire partie du décor, prenez vos distances sans explication. Votre partenaire sera pris au dépourvu et votre comportement attirera son attention. Il cessera de vous prendre pour sa mère et il éprouvera du désir pour vous en tant qu'amante. Vous ne serez plus la personne sur laquelle il peut compter.

Les femmes ne se plaignent pas uniquement du manque d'attention. Elles ont aussi beaucoup de choses à redire en matière de tâches ménagères. Là encore, vous devez conditionner votre partenaire *sans lui parler*. Il n'est probablement pas gêné par le désordre. Quand il rentre à la maison, il se laisse tomber sur le divan usé par l'empreinte de ses fesses et ne remarque même pas que l'évier est rempli de vaisselle sale ni que ses chaussures ont laissé des traces de boue sur la moquette.

Principe de séduction n° 54

Quand la routine s'installe, il finit par vous aimer comme sa mère. Autrement dit, vous risquez de faire partie du décor.

Observez les mères qui font la queue au supermarché avec leurs enfants. Une mère qui se fait respecter par son enfant n'a pas besoin de crier ni de faire des remarques continuellement. Il lui suffit d'une phrase ou d'un regard. L'enfant ne sait pas ce qui va se passer ensuite, alors il se tient à carreau. De même, vous n'avez pas besoin de parler pour vous faire respecter par un homme. Le silence ou la distance suffisent.

Parfois, en tant qu'amante, vous devrez fixer des limites qui seront aussi dans l'intérêt du « bambin ». Pourquoi ? Parce que c'est *un homme*. Et qu'il y aura toujours un enfant de trois ans au fond de lui.

Tous les changements de comportement proposés dans ce chapitre vous permettront d'agir tout en restant calme et charmante. Votre objectif est d'éviter qu'il vous voie comme sa mère et de redevenir son amante.

Un homme ne peut pas avoir de désir sexuel pour une femme qu'il aime comme sa mère. Aussi, méfiez-vous de l'image qu'il a de vous. Pour rester son amante, obligez-le à rester vigilant.

Il vous préfère en amante qu'en mère, même s'il ne le sait pas. D'accord, il s'affale sur le divan mais, si vous devenez sa mère, il n'a plus d'amante – et vous n'avez plus d'amant.

Alors comment le remettre sur les rails ? Les hommes sont des chasseurs. Si vous donnez à votre partenaire un amour protecteur et maternel, vous réduisez son désir sexuel.

Car il n'a pas l'instinct de la traque avec sa mère. Autrement dit, s'il vous considère comme un doudou que sa mère lui a laissé en souvenir d'elle, il n'a aucune attirance pour vous.

La gentille fille a tendance à rassurer son partenaire ou à essayer de le convaincre pour le gagner à sa cause. La chieuse, elle, le gagne à sa cause en agissant comme si elle pouvait le laisser tomber du jour au lendemain. En prenant ses distances subtilement, elle l'oblige à s'investir. Ce comportement est très efficace, notamment :

- Lorsqu'il est suffisant.
- Lorsqu'il se défile au lieu de s'investir.
- Lorsqu'il vous manque de respect.
- Lorsqu'il ignore constamment vos besoins.

Maintenant à vous de jouer. Vous verrez, vous ne regretterez pas vos efforts, car vous en serez largement récompensée.

Traitez-le comme un ami

Souvenez-vous, au début de votre relation, vous ne lui faisiez aucune remarque. Vous le traitiez plutôt comme un ami.

Vous étiez détendus ; vous vous amusiez et vous riiez davantage. Vous n'hésitiez pas à dire ce que vous pensiez. Et il n'était pas au centre de votre existence.

Lorsque vous avez commencé à le harceler, vous avez transmis un nouveau message : « Je subis les répercussions de tous tes faits et gestes. »

En réalité, vos remarques continuelles le rassurent. Même si elles lui déplaisent, elles lui montrent que vous êtes là pour lui.

Principe de séduction n° 55

L'attention négative, c'est toujours de l'attention. Votre partenaire en déduit que vous êtes à disposition.

Même si vous êtes une brillante avocate capable de lui prouver par A plus B qu'il est coupable, vous ne faites que lui montrer que tout va bien parce que rien n'a changé. Il n'a pas de souci à se faire. Vous ne lui donnez pas à réfléchir, vous ne l'intriguez pas. D'ailleurs, il vous écoute à peine.

Vous avez besoin de parler et, lui, il est prêt à tout *sauf* à parler. Et quand vous lui forcez la main, il se défile.

Comment se défiler quand on est un homme

- D'abord, il dit que le moment est mal choisi pour discuter. Souvenez-vous, ce n'est jamais « le bon moment ».

- Avant d'écouter quoi que ce soit, il vous dit que vous prenez tout mal et que vous êtes « trop sensible ».

- Il vous renvoie l'ascenseur : le lundi et le mercredi, vous « exagérez ». Le mardi et le jeudi, vous « dramatisez ». Et le week-end, vous « imaginez des choses ».

- Il change de sujet : « Tu as tes règles ou quoi ? »

- Si cela ne marche pas, il provoque une dispute. Il es combatif et précise régulièrement que c'est vous qui avez cherché la bagarre.

- Si vous marquez six points alors que lui n'en a marqué que la moitié d'un, il insiste lourdement sur son petit demi-point.

- Il n'en démord pas. Il continue à ramener son demi-point sur le tapis et exige une réponse rapide. Si vous hésitez, il en conclue qu'il a raison.

- S'il est clair que vous avez raison, il vous fait un reproche qui n'a rien à avoir avec l'incident en cours.

- Il crée son propre panel d'experts imaginaires (composé de personnes que vous n'avez jamais rencontré) : « Même Pierre et Paul sont d'accord avec moi et disent que tu exagères toujours. »

- Lorsque vous essayez de lui expliquer la même chose d'une façon différente, il roule les yeux.
- Il joue les psys : « C'est à *toi* que tu fais du mal, pourquoi tu te fais du mal ? »
- Il compte le nombre de fois où vous vous répétez et il pense à vous le rappeler.
- Il fait comme à la boxe : direct du gauche, uppercut du droit et esquive les coups.
- Comme disait Mohammed Ali : « Virevoltez comme un papillon ; piquez comme une abeille. » Virevoltez en éludant la question et piquez en demandant pourquoi elle ne peut juste pas laisser tomber.
- Il continue à papillonner ; il est léger.
- Et souvenez-vous, pour lui, c'est toujours de votre faute. C'est sa version et il s'y tient.

De plus, il fait la sourde oreille. Il voit vos lèvres bouger, mais il n'entend pas ce que vous dites. Dans sa tête, il a coupé le son. Car il a l'espoir que vous vous épuisiez toute seule. Il se dit que, s'il laisse traîner les choses, vous finirez par vous lasser et que vous le laisserez tranquille.

Mais les femmes ne lâchent pas prise aussi facilement… D'après les hommes que j'ai interrogés, chaque femme a – comme avec les vêtements, les parfums et la façon de faire l'amour – sa propre méthode de harcèlement. Voici quelques profils types :

- **La marathonienne :** cette femme peut harceler son partenaire pendant deux à trois heures, jusqu'à ce qu'elle se calme.

- **La sprinteuse :** celle-ci le harcèle pendant moins longtemps. Elle explose et se fatigue plus vite.

- **La geignarde qui s'emballe :** elle commence par se plaindre et finit par le harceler. Ensuite, elle se met à pleurer et, plus elle pleure, moins elle peut s'arrêter.

- **La geignarde du matin :** elle commence dès que le soleil pointe à l'horizon. Il ouvre les yeux et il l'entend se plaindre. Pire, il dort encore et elle le réveille comme un coq.

- **L'emmerdeuse du soir :** juste au moment où il s'endort, elle lui donne un coup de coude et lui rappelle ce qu'il doit faire le lendemain.

- **L'impromptue :** elle le prend par surprise, pendant qu'il ne s'y attend pas, à n'importe quel moment de la journée. Une minute plus tôt tout allait bien et, tout à coup, sans prévenir, elle lui flanque une dérouillée.

- **La sniper :** non sans avoir prémédité son coup, elle fait une remarque cinglante et bien envoyée, qui glace instantanément l'atmosphère.

Très souvent lorsqu'un homme marche sur les pieds d'une femme, il ne s'en rend même pas compte. Si votre partenaire vous contrarie, vous ne pouvez donc pas lui en vouloir.

Pour lui montrer qu'il a mal agi, restez calme et dites-lui : « Est-ce que je peux t'expliquer quelque chose ? » Gardez à l'esprit qu'il n'a pas voulu vous blesser car, en général, *il est à cent lieues de se douter de quoi que ce soit.*

Arrêtez la douleur parce qu'elle porte atteinte à votre processus de prise de décision. À long terme, votre façon de communiquer avec lui aura des répercussions sur son désir pour vous.

Si vous perdez son attention, c'est parce que vous avez créé une routine *prévisible* dans laquelle vous n'êtes plus sa partenaire mais son adversaire. Pour résumer :

Harcèlement = Femme prévisible =
Sentiment d'obligation = Baisse du désir

Indifférence = Réaction moins prévisible
= Intérêt renouvelé

Principe de séduction n° 56

Si vous le traitez avec désinvolture comme si c'était un ami, il viendra à vous de lui-même. Car il ne veut pas copiner ; il veut vous séduire.

Pour communiquer avec lui en évitant de créer une atmosphère pesante, traitez-le en ami.

N'en faites pas trop : inutile de l'appeler « mon pote », de lui lancer une bière fraîche, de chiquer ou de regarder les filles avec lui.

Ayez simplement un comportement amical, *incompatible avec votre relation de couple.* Si jusqu'à présent vous avez été crispée, dépendante, voire accro, il sera surpris de vous voir décontractée, désinvolte et indifférente.

Par exemple, s'il trouve des excuses pour expliquer son manque de disponibilité, arrêtez d'être disponible pour lui et trouvez vous aussi des excuses. S'il est trop occupé pour écouter ce que vous lui dites, montrez par vos actes que vous ne le laisserez pas imposer ses conditions. Car celles-ci risquent de créer un fossé entre vous – et vous ne voulez pas en arriver là.

Principe de séduction n° 57

Un peu de distance mêlée à une bonne maîtrise de soi et il commenceraà avoir peur de vous perdre.

Voici un scénario classique : vous avez envie de passer plus de temps avec lui et vous lui suggérez un week-end en amoureux. Il refuse : « Non, j'ai trop de travail. » Vous vous plaignez. Or, pour attirer son attention, vous devez le surprendre. Ayez un comportement inattendu.

Ne répondez rien et faites comme si vous ne teniez pas absolument à partir. Là, il se demandera ce qui se passe. La plupart des hommes sont habitués à ce que les femmes aient envie d'être auprès d'eux le plus possible.

Si vous ne réclamez pas sa présence, cette réaction mystérieuse l'inquiète. Si vous ne ramenez pas le sujet sur le tapis et faites semblant de ne plus y penser, il se dit : « Comment se fait-il qu'elle laisse tomber alors que je sais qu'elle y tient ? » Son influence sur vous est remise en question. Il se demande s'il a une emprise totale sur vous. Il mérite d'être harcelé, mais vous ne le harcelez pas. Que se passe-t-il ?

Imaginons que vous vous voyiez deux soirs par semaine mais qu'il préfère garder ses week-ends libres. Il vous arrive de sortir le samedi soir mais, la plupart du temps, il traîne avec ses copains. Ne vous montrez pas dépendante de lui. Ne soyez pas pendue à ses basques.

Vous devez changer le rythme qu'il vous a imposé *sans dispute ni préavis*. Ayez recours au même genre d'excuses que lui. Décidez de le voir deux fois moins souvent que d'habitude. « J'adorerais qu'on se voie jeudi, mais c'est impossible. J'ai beaucoup de travail. De plus, je vais à la gym en sortant du bureau et, après, je serai vraiment trop fatiguée.

On se verra la semaine prochaine. » Par ce comportement, vous faites quelque chose que tous les gémissements du monde ne vous auraient pas permis de faire : vous ranimez la flamme.

Dès que vous brisez la routine et devenez imprévisible, il change d'optique. Au lieu d'essayer de grappiller du temps libre et de chercher des excuses, il se met à réfléchir à un projet qui pourrait vous donner envie de passer du temps avec lui. Vous n'êtes pas disponible ? *Il se met en quatre pour passer du temps avec vous.*

Pour dresser un perroquet, il faut toujours mettre le perchoir à hauteur d'épaule. Si l'oiseau se trouve plus haut que vous, il pense qu'il est plus fort que vous. Même s'il vous aime bien, si vous levez la main au-dessus de votre tête pour le toucher, il risque de vous donner un coup de bec.

Si, au contraire, vous posez le perroquet sur le sol, il se sent vulnérable. Dans ce cas, les dresseurs conseillent de mettre la main à une certaine distance. Ainsi, le perroquet grimpe lui-même sur la main et monte jusqu'en haut du bras. Lorsque votre partenaire agit comme s'il se sentait plus fort que vous, recréez un équilibre dans la relation en déposant gentiment le « petit oiseau » sur le sol.

Principe de séduction n° 58

Lorsqu'un homme considère que sa partenaire fait partie du décor, il s'intéresse encore à elle, mais il ne se mettra jamais plus en quatre pour elle.

Prenons un exemple : Rachel fait partie du décor. Un soir, très tard, son partenaire lui demande de le rejoindre chez lui. Elle lui répond que sa voiture est chez le garagiste. Il habite à sept minutes de chez elle et sa voiture est tranquillement garée devant son appartement. Mais il lui demande : « Et quand est-ce qu'elle sera prête, ta voiture ? » Lorsqu'il s'est rendu compte qu'elle n'avait pas de moyen de locomotion, il a abandonné l'idée de finir la soirée avec elle.

Rachel a été tout simplement évincée par un type qui voulait coucher avec elle sans se donner la peine de faire sept minutes de route pour aller la chercher. Elle aurait pu lui faire des reproches, mais elle a choisi une autre méthode. Lorsqu'il l'a rappelée, elle lui a parlé avec désinvolture comme s'il n'était qu'une vague connaissance : « Bonjour, ça me fait plaisir de t'entendre. Tu peux me rappeler dans cinq minutes. J'ai quelqu'un en ligne. » La deuxième fois qu'il a appelé, elle était sous la douche. La troisième fois, ils ont parlé de tout et de rien. Au lieu d'être *insistante*, elle s'est montrée *indifférente*. Quelques minutes plus tard, elle a reçu un signal d'appel et mis poliment un terme à la conversation : « On se rappelle, à plus. » À partir de ce moment-là, le type est devenu beaucoup plus attentif.

Observez la technique de Rachel étape par étape et voyez comme il lui a été facile de faire comprendre à son partenaire qu'il devait s'investir davantage :

1. Il est désagréable.
2. Il *sait* qu'il a été désagréable.
3. Il s'attend à avoir des reproches.
4. Elle ne lui fait aucun reproche.
5. Il ne sait pas à quoi s'en tenir.
6. Elle est détendue et sûre d'elle.
7. Elle ne donne aucune explication et ne montre rien.
8. Il se dit : « Oh, oh. Il faut que je me reprenne. »

Principe de séduction n° 59

Quand vous le harcelez, c'est vous le problème – et il le résout en faisant la sourde oreille. Si vous ne le harcelez pas, il résout le problème.

Lorsqu'ils sont confrontés à un problème, les hommes ont envie de le résoudre. En harcelant votre partenaire, vous lui donnez l'impression que c'est vous le problème. Prenons l'exemple de Léa, qui harcelait son mari pour qu'il répare le loquet de la buanderie. Elle lui avait déjà demandé trois fois et il était si excédé qu'aucune force au monde n'aurait pu le pousser à réparer ce loquet.

Un soir, des amis sont venus à la maison. Devant son mari, Léa à demandé au mari de son amie de réparer le loquet de la buanderie d'une voix de « demoiselle en détresse » à laquelle les hommes ne peuvent pas résister. Puis elle s'est mise en quête d'un tournevis. Ni une ni deux, son mari a dévalé les escaliers comme Speedy Gonzales et, une minute plus tard, le loquet était réparé.

Un homme a horreur qu'un autre homme répare quelque chose à sa place. C'est une question de territoire – personne ne marche sur ses plates bandes.

Lorsque cela fait des jours que vous demandez à votre partenaire de faire quelque chose, s'il continue à se défiler, dites-lui : « Chéri, c'est bon, je n'ai plus besoin de toi. Notre voisin a dit qu'il viendrait le faire. » Si vous n'avez pas de voisin, dites-lui que son meilleur ami va venir faire le nécessaire. C'est le meilleur moyen d'arriver à vos fins.

Mon amie Lucie s'est rendue compte que plus elle demandait à son mari de l'aider, moins il était attentif. Par exemple, elle lui demandait souvent de ranger les produits qu'elle ramenait du marché. Mais il était toujours occupé. « Une minute ! », criait-il. Une minute plus tard, elle disait : « La viande va s'abîmer ». Et elle se répétait sans cesse : « Les laitages vont tourner. Si tu dois le faire, fais-le maintenant. » À chaque fois qu'elle rentrait du marché, c'était la même chose.

Elle a fini par arrêter de lui demander de l'aide. Lorsqu'elle arrivait les bras chargé, il lui proposait un coup de main, mais elle répondait : « Non merci, chéri, je m'en sors. » Et tout à coup, il était là en train de l'aider.

Mon amie Charlotte, quant à elle, demandait toujours à son mari d'emmener les enfants à l'école. Mais il avait toujours des excuses pour éviter de faire le déplacement. Au lieu de le harceler, Charlotte a proposé à un père d'élève de la rue de faire du covoiturage. Lorsque le mari a entendu dire que c'était un voisin qui emmenait ses enfants à l'école, il a eu tôt fait de mettre sa casquette de chauffeur !

Principe de séduction n° 60

Si vous lui retirez ses corvées pour les confier à un autre homme, il voudra les récupérer.

Les hommes ont besoin d'être amadoués. Ils ne sont pas particulièrement doués pour tenir une maison. Avant d'être père de famille, votre partenaire vivait dans une tanière – un meublé qui lui servait de garçonnière. Souvenez-vous de la première fois que vous y êtes entrée. Les draps étaient dépareillés et les oreillers n'avaient pas de taie. La lampe de chevet se composait d'un vieil abat-jour en velours posé sur un pied en argent et soutenu sur les côtés par deux bombes de désodorisant. Elle était tellement moche que même l'Armée du Salut n'en a pas voulu quand vous l'avez déposée sur le trottoir.

Par conséquent, à partir du moment où vous avez vécu ensemble, votre niveau de vie a chuté considérablement. Pour le retrouver, revendiquez mais ne harcelez pas.

Lorsque vous essayez de le motiver par la culpabilité ou le harcèlement, il se sent mal. Lorsque vous flattez son ego, en revanche, il se sent bien. Il a besoin d'être admiré. S'il vient de réparer la boîte aux lettres, remerciez-le chaleureusement et félicitez-le. Alors il se dira : « Pourquoi est-ce que je ne réparerais pas le loquet de la buanderie pendant que j'y suis ? »

Principe de séduction n° 61

Pour lui, harcèlement
est synonyme de faiblesse.

Barbara m'a raconté comment elle a réussi a obtenir l'aide de son mari, alors qu'il lézardait au salon un dimanche après-midi. Sans se faire remarquer, elle est descendue au garage pour faire sauter le fusible correspondant à la lampe du salon.

Et, discrètement, elle est retournée dans la maison. « Chéri ? J'ai peur ! Que se passe-t-il ? Son mari ne l'aurait jamais crue capable de faire sauter un fusible. Vite, il fallait courir à son secours. Il s'est levé de son canapé et s'est comporté en « homme de la maison ».

Équipé d'une lampe torche, il est descendu au garage avec elle. Et il lui a confié la tâche délicate de tenir la lampe. « Tiens la bien. » Lorsqu'il a remis le fusible, elle s'est montrée fière et impressionnée. « Ça alors ! Comment tu as fait ça ? » Elle a même appelé sa mère. « Maman, il est doué, si tu savais… »

Une fois que votre partenaire se prend pour Superman, vous pouvez lui demander n'importe quoi. Il le fera. Pas parce que vous l'avez harcelé, mais parce qu'il a envie de le faire – pour vous plaire.

Suivez le conseil de John Churton : « Ne revendiquez jamais comme un droit ce que vous pouvez demander comme un service. » Le harcèlement ramène tout à une question de droit, tandis que le service est une expérience positive. Votre partenaire sera ravi de vous aider si vous êtes en admiration devant lui. Vous voulez être perçue comme une « femme fatale » ? Il veut être perçu comme un héros.

Mieux vaut montrer que dire

Si vous le harcelez depuis des jours sans succès, essayez autre chose. N'exprimez pas vos émotions. Ne donnez pas d'explication. Et ne lui dites pas que vous avez décidé de changer.

N'exagérez pas non plus le changement. « Mes émotions ? Quelles émotions ? » Votre objectif est de lui montrer – et non de lui dire – que vous n'avez plus l'intention de déverser ce que vous avez sur le cœur.

La psychologie populaire dit qu'il ne faut pas réfréner ses émotions mais au contraire les exprimer. Commencez toutes vos phrases par : « Voilà ce que je ressens ». Demandez aux autres ce qu'ils en pensent. Asseyez-vous en cercle, donnez-vous la main et faites passer la boîte de Kleenex. Promettez de ne jamais recommencer et soyez heureux. Ce sera 175 euros.

C'est une belle théorie. « Exprimer ses émotions » doit être une expérience enivrante. Et parfois, ça doit même marcher (parce qu'après avoir dépensé 20 000 euros chez un psy, il doit être difficile d'admettre le contraire). Mais ne soyez pas dupe. Pour les hommes, la psychothérapie est une forme de chantage – coercition avec rançon. Une demi-séance leur suffit largement. « D'accord, je vais bien mieux. On peut s'arrêter là ? »

Si vous faites partie du décor, exprimer ce que vous ressentez ne sert à rien. C'est comme si vous plaidiez votre cause. Vous donnez l'impression d'être dépendante et de manquer de *dignité*. Prendre vos distances lorsqu'il dépasse les bornes, voilà qui est digne !

Si vous ne montrez pas vos cartes, vous l'intriguez et il vous voit différemment. Pas comme une mère, une sœur ou une grand-mère. Il est attentif parce qu'il ne se sent plus en sécurité. Il craint de ne plus pouvoir avoir le beurre et l'argent du beurre.

Il ne vous en veut pas. Au contraire, tout cela l'excite. Quand il était ado, il fantasmait sur la femme qui parviendrait à le mater. Son institutrice, sa baby-sitter, l'infirmière et la belle agent de police équipée d'une paire de menottes ont toutes eu un ascendant sur lui. Elles l'ont obligé à faire des choses qu'il ne voulait pas faire, mais *il a aimé ça*.

Quand vous dites à un homme ce que vous ressentez, la plupart du temps, il ne comprend pas de quoi vous parlez. Vous ne faites que semer le doute en lui. Jetez un œil au principe de séduction n° 62 et vous verrez ce qu'il ressent de son côté.

Principe de séduction n° 62

Une femme émotive n'est pas attirante aux yeux d'un homme.

Mon ami Gilles fait de la course automobile et il m'a raconté une anecdote intéressante. Après une course, il est allé s'asseoir dans les tribunes à côté de sa petite amie. Deux femmes sympathiques sont venues lui demander un autographe. « Ma petite amie a piqué une colère parce que je ne l'avais pas présentée », m'a-t-il dit. « J'ai juste oublié, mais elle n'a pas arrêté de me casser les oreilles avec ça. Elle a même fini par bouder. » Et il a ajouté : « Tu sais quel est le genre de femmes que je déteste le plus ? Les *martyres*. »

L'histoire ne dit pas si la petite amie en question a eu cette réaction parce qu'il avait flirté avec ses fans.

Mais ce qui est intéressant, c'est le choix du mot *martyre*. Elle a essayé de le manipuler en lui donnant un sentiment de culpabilité. Or, les hommes détestent être manipulés. Si elle n'avait pas insisté, il y aurait vu de l'amour-propre et de la dignité – deux qualités qui l'auraient rendue séduisante.

Principe de séduction n° 63

Si la familiarité conduit au mépris,
la distance renouvelle le respect.

Lorsque vous dînez avec un homme qui se comporte mal, coupez court poliment : « J'ai une grosse journée demain [bâillement], il faut que je me couche tôt. » La fois suivante, il se tiendra à carreau.

Je connais une fille, Cynthia, qui m'a raconté une anecdote croustillante. Un soir, son petit ami est allé dans un bar à strip-tease. La nouvelle ne l'ayant pas ravie, elle a essayé de l'empêcher d'y retourner. Sans rien lui dire. Quelques jours plus tard, elle lui a raconté qu'elle avait obtenu une place de strip-teaseuse dans un club du coin. « Super, non ? » Puis elle s'est mise en quête d'une paire de talons aiguilles.

Lorsqu'ils se sont revus, elle portait un rouge à lèvres rose vif et elle s'était crêpé les cheveux comme si elle venait de se faire électrocuter. Ensuite, elle s'est mis du fard bleu sur toute la paupière, jusqu'au sourcil. Il voulait voir des allumeuses ? Sa petite amie lui livrait une poule de luxe à domicile…

Il n'a pas tenu le coup plus longtemps : « Je ne veux pas que ma copine aille dans un endroit pareil ! » Cette réflexion a ouvert la discussion et ils ont fini par tomber d'accord : aucun d'eux ne mettrait plus jamais les pieds dans « un endroit pareil ». Vous voyez ? Pourquoi chercher des arguments alors que votre partenaire peut vous en apporter lui-même ?

Certaines questions doivent faire l'objet de discussions plus sérieuses. Mais, même dans ce cas, vous pouvez faire valoir votre point de vue sans harceler votre partenaire. Si celui-ci vous demande « Ça ne va pas ? », respirez profondément et répondez avec calme « Non, ça ne va pas, mais je préfèrerais en parler plus tard. Je n'ai vraiment pas envie d'en parler maintenant. »

Là, il ne fait pas la sourde oreille. Au contraire, il est tout ouïe. Peut-être n'aurez-vous même pas à y revenir, parce qu'il veille déjà à ne jamais recommencer. Il cherche à vous faire plaisir avant même que vous n'ayez dit un mot. Plus sympa, non ?

Il défragmente son disque dur tout seul… Pas besoin de le harceler. Faites ce que vous avez à faire et laissez-le s'auto-corriger.

Principe de séduction n° 64

Il oubliera pourquoi il vous aime...
si vous ne le lui rappelez pas.

De nombreuses femmes pensent qu'elles doivent dire aux hommes ce qu'ils doivent faire sans quoi ils ne font jamais rien. D'autres ne se rendent même pas compte qu'elles les harcèlent.

De temps à autre, essayez de vous souvenir que les hommes sont aussi des êtres humains. Mettez-vous à la place de votre partenaire – être entouré d'une personne qui se comporte comme sa mère ne doit pas être drôle tous les jours.

C'est par votre comportement, et non par des paroles, que vous vous ferez comprendre et respecter.

Du reste, les hommes aiment les femmes qui ont du caractère. Du foot, une bonne bière et une chieuse – que demander de mieux !

7

La tactique secrète de l'équipe adverse

Ce que vous soupçonnez, bien qu'il n'en ait jamais rien dit

« N'apprenez pas les ficelles du métier.
Apprenez le métier. »

Anonyme

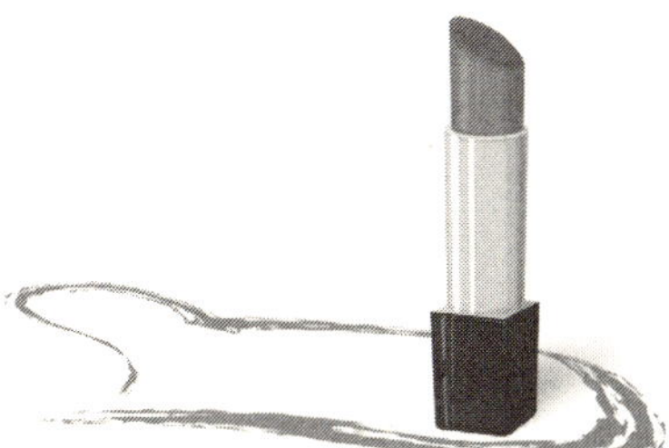

Ce que les hommes pensent de la façon de communiquer des femmes

Les femmes sont convaincues que les hommes ne sont pas à l'écoute de leurs émotions et qu'ils n'ont aucune idée de ce qui se passe dans une relation amoureuse. Parce qu'ils ne sont pas aussi prompts à s'exprimer, elles se disent qu'ils n'y comprennent rien.

Les hommes ont horreur de parler d'émotions. Et ils détestent les films à l'eau de rose. Un ami m'a décrit la façon dont ils voient ce genre de films : « Il y a toujours la mère, la fille et la meilleure amie de la mère. Pendant tout le film, elles cueillent des tomates dans un jardin avec un pauvre chapeau de paille sur la tête. Et tout le monde pleurniche sans arrêt. “Maman ? Bou hou hou.” Alors la mère se met à pleurer aussi. Une bande de bonnes femmes qui pleurnichent, ce n'est pas une intrigue. Je ne peux pas rester assis deux heures à regarder ça. »

Les hommes aiment à peu près autant les films à l'eau de rose que nous aimons les regarder réparer un moteur de voiture.

Pour eux, regarder un film comme *Nuits blanches à Seattle* ou *Une bouteille à la mer* est un châtiment cruel. Mon ami Christian raconte : « C'était horrible ! Et il a fallu que je reste assis à regarder ce navet pendant deux heures juste pour prouver que je n'étais pas un crétin. » Son copain, plein de compassion, a ajouté : « Je te plains. C'est nul. C'est presque aussi pénible que d'écouter Enrique Iglesias. Ces miaulements, c'est insupportable ! »

Rien que de prononcer le mot « émotion », les hommes prennent un air douloureux comme s'ils allaient subir une intervention chirurgicale à cœur ouvert.

Les effets secondaires varient, mais il s'agit souvent de problèmes digestifs. Alors, avant de parler « émotions » avec votre partenaire, faites cuire un peu de riz pour lui tapisser l'estomac !

Ce manque de sentimentalité pousse les femmes à croire que les hommes sont insensibles. Mais c'est faux. Pendant la préparation de ce livre, j'ai discuté avec des centaines d'hommes de tous âges. Le plus jeune avait dix-huit ans et le plus vieux, soixante-dix. Certains étaient mariés, d'autres célibataires.

À mon grand étonnement, ils ont été beaucoup plus clairs à propos de leurs émotions que ne l'ont été toutes les femmes avec lesquelles j'ai discuté. Je les ai trouvé ouverts et sincères.

J'ai retenu les propos les plus révélateurs des hommes que j'ai interrogés et je les ai rassemblés par listes thématiques. Vous découvrirez notamment ce que les hommes pensent des femmes dépendantes et de celles qui ont du caractère.

Toutes ces informations rejoignent et valident les conseils des chapitres précédents. Elles vous aideront à comprendre *pourquoi* je vous ai donné ces conseils.

Quinze signes qui prouvent qu'une femme est dépendante

1. « Une femme qui ne montre pas ses sentiments semble moins émotive et plus séduisante. Elle permet d'avoir une relation sans à-coups. Par exemple, un homme *doit* travailler. Ce n'est pas qu'il ne veuille pas passer du temps avec sa partenaire ; c'est que, la plupart du temps, il ne *peut* pas. Quand une femme vous laisse vivre votre vie sans s'énerver, vous avez le sentiment qu'elle vous apporte beaucoup plus. »

2. « J'aime qu'une femme ne dise rien par moments, parce qu'alors on ne sait pas ce qu'elle pense. Elle semble plus sûre d'elle-même, comme si elle contrôlait davantage ses émotions. C'est appréciable d'être avec quelqu'un qui réfléchit avant de parler. »

3. « Certaines femmes semblent être sur la défensive. Elles donnent l'impression de ne pas être sûres d'elles. J'ai connu une femme qui m'a dégoûté d'elle avant même notre premier rendez-vous. Elle voulait tellement se protéger qu'elle m'a dit ce qu'elle ne tolèrerait pas dès notre première conversation téléphonique. Elle se basait sur ce qui s'était passé avec son ex. Mais nous, on se connaissait à peine et elle dictait déjà sa loi. Je n'avais même pas grillé un feu rouge et elle me condamnait déjà à mort. Et pourtant, je l'avais juste invitée à boire un verre ! »

4. « Un jour, une femme m'a fait subir un interrogatoire en règle. On aurait dit une écorchée vive. Mais aucun homme ne veut payer les erreurs d'un autre. »

5. « Je suis sorti avec une femme qui ne faisait que parler. On s'endormait en parlant et, quand je me réveillais, elle parlait encore. Je me suis rendu compte qu'elle ne parlait pas pour me dire quelque chose mais parce qu'elle ne pouvait tout simplement pas se taire. »

Principe de séduction n° 65

Beaucoup de femmes parlent par nervosité, ce qui donne aux hommes l'impression qu'elles ne sont pas sûres d'elles.

6. « Je suis tombé sur une femme réellement dépendante. Elle avait besoin d'être rassurée sur tout – sur sa famille, ses amis, son travail... *Pendant qu'on faisait l'amour*, elle m'a dit : "Tu sais ce qui m'est arrivé au bureau aujourd'hui?" Là, mon ego en a pris un coup ! »

7. « La conversation fait partie de la relation, mais ça ne fait pas tout. Les femmes parlent trop de leurs émotions. Si on a l'impression de ne plus rien avoir à se dire, ça ne va pas non plus, mais il y a un juste milieu. »

8. « J'ai connu une femme qui a essayé de me changer. Elle voulait me faire parler davantage de mes émotions. Mais c'est moi que ça regarde ! »

9. « Quand quelqu'un veut me pousser à me confier, je me ferme comme une huître. Je n'ai pas besoin qu'une femme m'»aide» à m'exprimer. »

10. « J'apprécie vraiment qu'une femme me laisse sortir avec les copains sans broncher. Quand j'ai des billets pour un match de foot à la dernière minute, si elle ne m'en veut pas d'annuler nos projets, je la respecte d'autant plus. Cela veut dire qu'elle est sûre d'elle et qu'elle prend en compte ce qui me fait plaisir. »

11. « J'ai eu une petite amie qui parlait tellement que, quand je changeais de pièce, elle ne s'en rendait même pas compte. Un jour, je suis allé chercher un peu de tranquillité dans la salle de bains, mais elle m'a parlé à travers la porte. Je crois vraiment qu'elle avait un problème. »

Principe de séduction n° 66

Parler d'émotions est une contrainte pour votre partenaire. Or, lorsqu'il est avec vous, il a envie de se détendre.

12. « Nous, quand on veut parler de quelque chose, on en a pour trente secondes. Mais avec une femme, ça n'en finit pas. Ce qui nous paraît sans importance leur semble vital. Et quand on essaie de les aider en leur disant "chérie, ce n'est pas grave", c'est encore pire parce qu'elles pensent qu'on s'en fiche. »

13. « Je pense qu'une femme qui parle peu est plus attirante parce qu'elle semble plus mystérieuse. Je n'aime pas qu'on parle pour ne rien dire. En communication, la qualité prime la quantité. Quand une femme est mal à l'aise ou contrariée, un homme doit

être capable de le sentir sans qu'elle ait besoin de dire un mot. »

14. « J'ai connu une femme qui voulait qu'on passe tout notre temps ensemble. Elle a essayé de changer mon rythme de vie. Mais un homme a besoin de temps pour lui. Elle voulait me faire faire des choses que je ne voulais pas faire. Elle savait que je ne m'intéressais pas à l'art, mais elle me traînait dans les musées. Quand un homme traite une femme correctement, qu'elle le laisse tranquille – même s'il n'écrit pas de poèmes ou n'achète pas de stupides cartes censées exprimer ses sentiments ! »

15. « Ça ne me dérange pas qu'une femme veuille changer la déco de la maison mais, si c'est moi qu'elle veut changer, rien ne va plus. J'attends d'une femme qu'elle ait un but dans sa propre vie, afin qu'elle ne gaspille pas toute son énergie à essayer de contrôler la mienne. »

On peut en conclure que, même si elle aspire à davantage d'intimité, une femme ne peut pas forcer un homme à lui en donner.

Dans la dernière citation, l'homme va jusqu'à dire que la femme *gaspille* son énergie. Lorsqu'une femme parle de ses émotions, la plupart des hommes considèrent ce qu'elle dit comme un bavardage inintéressant.

Soyez concise et allez droit au but, sinon votre partenaire n'écoutera pas un mot de ce que vous dites.

De plus, si vous l'obligez à parler de ses émotions ou à être excessivement attentif aux vôtres, vous obtiendrez l'inverse de ce que vous voulez obtenir.

Principe de séduction n° 67

En l'obligeant à parler d'émotions, vous lui donnez l'impression d'être dépendante. Résultat : il vous respecte moins et il est encore moins attentif à vos émotions.

Si vous avez le sentiment qu'il vous ignore, soyez « naïve comme un renard ». Lorsqu'il ne tient pas compte de vos besoins, prenez vos distances sans donner d'explications. Comme nous l'avons vu au chapitre précédent, les hommes ne réagissent pas aux paroles.

Une femme peut poursuivre un homme dans toutes les pièces jusqu'à ce qu'il dise ce qu'il a sur le cœur. Lui, bien sûr, s'enfuit à toutes jambes. N'oubliez pas que, pour qu'un enfant coure vers sa mère, il faut qu'elle cesse de le poursuivre. Si vous vous gardez d'exiger des conversations sur les émotions et d'infliger à votre partenaire un « bavardage inintéressant », il vous respectera. Soyez concise, douce et retirez-vous en laissant planer une part de mystère. Il vous trouvera plus digne et sera bien plus attentif à ce que vous ressentez – sans que vous ayez à le dire.

Quinze raisons qui poussent les hommes à se la jouer cool

J'ai demandé aux hommes pourquoi ils dissimulent leurs émotions ou « se la jouent cool ». J'ai essayé de savoir pourquoi ils veulent paraître plus cool, machos ou solides qu'ils ne le sont en réalité. Et ils m'ont répondu qu'ils se sentaient obligés de le faire, notamment avec les femmes.

Les femmes se demandent souvent pourquoi les hommes mettent si longtemps à les rappeler. Par exemple, un homme vous demande votre numéro de téléphone et il attend six jours avant de vous appeler. Puis vous passez une excellente soirée ensemble, mais il attend encore cinq jours avant de vous rappeler. Et vous vous demandez : « Pourquoi fait-il ça ? »

Les hommes ont l'habitude d'être rejetés par les femmcs. Alors ils restent sur leurs gardes. Au début, ils sont réfléchis. Ils agissent de façon rationnelle et non émotionnelle car, pour eux, l'émotivité est un signe de faiblesse.

Ainsi, lorsqu'un homme attend quelques jours pour appeler une femme, il ne se doute pas que celle-ci aurait préféré l'entendre plus tôt. Les hommes veulent sauver les apparences en donnant l'impression qu'ils contrôlent la situation. Un homme très séduisant prénommé Stéphane m'a même surprise par sa franchise. Il m'a dit : « Il faut aborder les femmes comme si on le faisait tous les jours, comme s'il n'y avait rien de plus banal. Dès qu'on montre son attachement, la femme le sent et change de comportement. » C'est pour cette raison que les hommes attendent quelques jours avant de rappeler et agissent de façon un peu cavalière. *Ils pensent que les femmes ne respectent pas les hommes apparemment faibles ou vulnérables.*

Conclusion : quand un homme tarde à vous rappeler, *ne le prenez pas personnellement.* S'il semble vous rejeter, c'est peut-être un compliment. Vous lui plaisez tellement qu'il ne veut pas que ça voie trop. À moins qu'il teste vos réactions pour savoir si vous tenez à lui. Vous ne me croyez pas ? Poursuivez votre lecture. Voici les aveux de nos perfides moitiés :

1. « Les hommes veulent que les femmes croient qu'ils ont d'autres options, même quand ce n'est pas le cas. Alors ils exagèrent. Ils le font pour se rendre plus séduisants. »

2. « Les hommes se la jouent cool parce qu'ils pensent que ce comportement les rend plus attirants. Je connais des types qui matent même les femmes laides, juste pour faire bisquer leur petite amie. »

3. « Les hommes n'admettront jamais qu'une femme puisse avoir de l'influence sur eux. Cette idée sape leur ego. Ils ne veulent pas avoir l'impression de ne plus être maîtres d'eux-mêmes. »

Principe de séduction n° 68

Au début, s'il vous appelle de temps à autre, sachez vous en contenter car, de toutes façons, il ne pourra pas dissimuler ses sentiments bien longtemps.

4. « Au début, je n'appelle pas très souvent, car je ne veux pas donner l'impression d'être trop impatient. »

5. « Les hommes ont autant d'émotions que les femmes. Seulement, la pression de la société les poussent à ne pas les montrer. En tant qu'homme, je dois donner l'impression d'être maître de moi-même. »

6. « Quand une femme se comporte avec désinvolture, c'est un peu effrayant. Elle peut blesser un homme sans même s'en rendre compte. Et si elle se montre catégorique et distante, c'est encore plus effrayant. »

7. « Quand un homme est vraiment séduit par une femme, il essaie de le cacher. Très peu d'hommes montrent leurs véritables sentiments à une femme. »

8. « Si on se la joue cool, c'est pour que les femmes s'intéressent à nous ! On veut qu'elles nous aiment et qu'elles ne nous croient pas trop pressés. Si on montre tout de suite qu'on est intéressé, elles pensent qu'on est désespéré. »

9. « Au début, il m'arrive de faire semblant d'ignorer une femme pour qu'elle continue à s'intéresser à moi. Aucun homme ne veut avoir l'air désespéré. »

10. « Sexuellement, les hommes ont des besoins exigeants. Les femmes peuvent contrôler leurs pulsions sexuelles, alors que les hommes sont contrôlés par les leurs. »

11. « Les hommes font ça pour séduire les femmes. Presque tous pensent que les types gentils n'ont aucune chance et que les femmes, au fond, aiment les mauvais garçons. »

12. « Si vous donnez l'impression d'être faible, les autres profitent de vous. Certains hommes pensent que, s'ils se confient trop, les femmes s'en serviront contre eux. »

13. « Si vous dites à une femme que vous n'avez pas eu de petite amie depuis longtemps, elle peut avoir l'impression que vous êtes désespéré ou que n'importe quelle femme fera l'affaire. »

14. « Les femmes ont tout sous contrôle parce qu'elles contrôlent leur sexualité. Et beaucoup d'hommes ont l'impression d'être en position de faiblesse. »

15. « Quand un homme se la joue cool, il pense impressionner les femmes par son pouvoir ou sa force. Il essaie d'avoir l'air dans le coup. Aucun homme ne voudrait passer pour un fils à sa maman ou une mauviette. »

Principe de séduction n° 69

Les hommes traitent les femmes comme ils se traitent entre eux. Ils se la jouent cool parce qu'ils ne veulent pas paraître faibles ou désespérés.

Quinze points de vue masculins sur l'entretien de la passion

Beaucoup d'hommes m'ont parlé de l'importance d'entretenir la passion, surtout ceux qui sont ou ont été mariés. Sur ce sujet, j'ai souvent eu l'impression d'avoir un problème de vocabulaire. Je disais « amour » et ils pensaient « sexe ». Je disais « passion » et ils pensaient « sexe ». Je disais « nouvelles expériences » et ils pensaient « sexe ». Je disais « diversité » et ils répondaient par une question : « Vous voulez dire en matière de sexe, c'est ça ? » Par conséquent, pour les hommes, entretenir la passion est synonyme de… vous l'avez compris… sexe ! Si les hommes ne parlent pas de leurs émotions, ils ont besoin de se sentir proches de la personne qu'ils aiment. Pour eux, il est important d'attiser le feu de la passion. Quand un homme n'a plus de relations sexuelles, il doute de sa virilité et de son sex-appeal. Ce n'est pas simplement une question de besoin physique.

1. « Un homme a toujours besoin de sentir que sa femme ou sa petite amie le trouve désirable. »

2. « Il faut changer ses habitudes au lit. Faire n'importe quoi d'autre, du moment que c'est différent. Ce qui excite, c'est la surprise. Si vous êtes toujours dessus, faites-le sur le côté. »

3. « Le soir, vous rentrez épuisé. La routine peut vraiment tuer la passion dans un couple. Il faut passer du temps ensemble malgré tout – appeler la baby-sitter et aller au restaurant. »

4. « Beaucoup de gens prennent l'argent, le manque de temps ou les enfants comme prétexte pour se priver de toute intimité. Mais il est très important d'entretenir la passion. »

5. « Les hommes aiment les femmes qui ont de l'imagination. Quand une femme devient trop prévisible à force de parler de la vie de couple au lieu de sortir et d'en avoir une, je m'ennuie très vite. »

6. « Récemment, ma femme et moi avons décidé de faire garder les enfants une fois par mois pour passer une soirée en amoureux. Nous avons une conversation d'adulte, en tête à tête, qui permet d'entretenir la passion. »

7. « On est toujours tenté de dire "On ne peut pas se permettre d'aller au restaurant" ou "On ne peut pas s'offrir un week-end en amoureux". Les factures

s'entassent ou on se sent obligé de garder son argent pour les enfants. Mais on ne peut pas non plus se permettre de renoncer au romantisme ou au sexe. C'est aussi très important. »

Principe de séduction n° 70

Les hommes considèrent la surprise, à l'intérieur ou à l'extérieur de la chambre, comme un élément important, qui pimente la relation.

8. « Tout ce qui surprend un homme pimente la relation. Nous aimons faire de nouvelles expériences avec notre partenaire. »

9. « Quand un homme est sans cesse rejeté sexuellement, la passion finit par s'éteindre. Les hommes ont besoin d'avoir des relations sexuelles plusieurs fois par semaine et apprécient de ne pas être obligés de demander. »

10. « Juste une fois, j'aimerais qu'une femme me prenne la main et m'emmène dans la chambre. Les hommes prennent *toujours* l'initiative. C'est *toujours* eux qui font tout le travail pour que la femme ait envie. Parfois, ils en ont juste assez de devoir faire tous ces efforts. »

11. « J'apprécie qu'une femme prenne l'initiative de temps à autre. Peut-être pas la première fois mais, une fois qu'on est ensemble, ça me donne le sentiment d'être plus désirable. »

12. « Je pense que, pour entretenir la passion, il faut que chacun ait du temps pour soi. Même quand on vit ensemble, il est important de pouvoir faire des choses seul sans qu'on nous le reproche. Quand je vais à la pêche, je me rends compte que ma femme me manque. Ce n'est pas merveilleux ? »

13. « Parfois, une femme peut rassurer un homme en lui posant des questions ou en montrant de l'intérêt pour ce qu'il aime. Ils peuvent essayer quelque chose de nouveau, qu'ils n'ont encore jamais fait – par exemple, organiser un week-end, qui leur donnerait un but. »

14. « Le week-end, il y a toujours des tas de choses à faire : emmener les enfants ici ou là, faire le ménage, etc. Je pense que, pour entretenir la passion, chacun doit faire ses corvées de son côté. Parfois, le matin, je m'occupe des enfants pendant qu'elle fait le ménage. Ensuite, elle emmène les enfants à droite et à gauche pendant que je bricole à la maison. Et, le soir, on apprécie vraiment le temps qu'on passe ensemble. Je n'ai pas besoin de voir ma femme nettoyer les sols avec un bandana sur la tête. »

15. « C'est rassurant d'être avec une femme depuis longtemps et de savoir ce qui lui plaît au lit. Mais, au bout d'un moment, on tombe dans la routine. Il faut innover sans être outrageux – faire tout simplement quelque chose qu'on ne fait pas d'habitude. »

Principe de séduction n° 71

Ne faites pas toujours la même chose au lit. Variez les plaisirs pour ne pas tomber dans la routine.

Quinze comportements qui rebutent les hommes

Les hommes que j'ai interrogés ont fait quelques commentaires sur ce qui les rebutent chez une femme. Ceux-ci vous sembleront peut-être évidents ou peut-être pas.

En tout cas, puisque aucun homme ne les fera jamais devant vous, je vous conseille de les mettre en mémoire.

1. « Une femme devrait toujours fermer la porte des toilettes. Il n'y a rien de plus dégoûtant que de voir une femme assise sur les WC. Et je ne veux pas voir non plus de serviettes hygiéniques. Même dans les pubs, ça me répugne. »

2. « Une femme trop intéressée me rebute. Si elle regarde avec attention mes chaussures, ma montre ou ma voiture, je préfère l'ignorer. »

3. « Je me méfie des femmes jalouses. Un jour, il y avait une personne avec de longs cheveux blonds à côté de moi et ma petite amie m'a accusé de la dévisager. En fait, c'était un mec ! »

4. « Il faut entretenir le mystère. Un jour, j'étais au téléphone avec une femme. C'était la première fois qu'on se parlait et elle m'a dit qu'elle allait perdre du poids pour qu'on puisse coucher ensemble ! Un homme ne veut pas entendre parler de ça. »

5. « Je n'aime pas les femmes qui n'ont pas de vie propre ou pas de travail, qui ne savent pas gérer leur argent ou qui ont un ex complètement dingue. J'aime les femmes responsables. »

6. « J'aime pouvoir voir une femme sans subir de pression. Quand un homme est déjà sous pression, si on lui en rajoute, il se ferme comme une huître. »

7. « Je n'aime pas qu'une femme me rabaisse en public. Si elle a des reproches à me faire, qu'elle me les fasse à la maison. »

8. « Lorsqu'un homme rentre après une longue journée de travail, laissez-le tranquille pendant une demi-heure. Accueillez-le, embrassez-le, mais ne le harcelez pas dès qu'il arrive. »

9. « Une femme ne doit pas montrer à un homme qu'il est le centre de son univers. Une fille m'a dit que, le jour de notre première rencontre, elle avait passé trois heures à se préparer. C'est un peu trop… »

10. « Les hommes ont peur qu'après le mariage leur petite amie se coupe les cheveux, prenne du poids et resserre les cordons de la bourse. »

11. « Une femme qui veut avoir une relation sérieuse avec un type à peu près décent ne doit jamais se saouler devant lui. Si elle a le vin gai à la maison, d'accord. Mais si elle se ridiculise dans un bar, c'est la honte. Personne n'aime être avec une personne ivre. »

12. « Ne dites jamais à un homme que vous passez des heures à attendre qu'il vous appelle ou qu'il est toute votre vie. On aime aussi savoir que d'autres hommes vous désirent, tant que vous ne couchez pas avec eux. »

13. « Les femmes qui me draguent me rebutent. Quand une femme m'invite à danser, j'ai l'impression qu'elle me coupe l'herbe sous le pied. C'est trop facile. »

14. « J'ai l'impression d'aller pointer quand une femme me demander des comptes. Ça me rebute tout de suite. »

15. « Une femme qui arrive *à l'improviste* chez un homme ou à son bureau donne l'impression d'être envahissante. »

Quinze raisons de préférer les femmes qui ont du caractère

Dès leur naissance, les femmes subissent un lavage de cerveau pour devenir *gentilles*. Notre culture ne les encourage pas à avoir du caractère, alors elles pensent qu'elles arriveront à leurs fins en étant gentilles et agréables.

Être gentille, c'est bien. Mais certaines femmes ont le sentiment de devoir être gentilles quelle que soit la façon dont on les traite. Être gentille au point de renoncer à soi-même, là, c'est un problème.

Comme je vous l'ai dit dans les chapitres précédents, les hommes aiment les femmes qui ne se laissent pas marcher sur les pieds.

Ceux que j'ai interrogés vont vous en donner la confirmation. Pour eux, la femme idéale, c'est la chieuse ! Nous sommes dans le vif du sujet. Je laisse donc la parole à ces messieurs, qui vont nous dévoiler – dans leurs propres termes – pourquoi ils sont attirés par les chieuses. Un secret jusque là bien gardé !

1. « J'aime qu'une femme ait de la répartie quand je la mets en boîte. »

2. « J'apprécie qu'une femme me remette à ma place. Quand je me conduis comme un crétin, si elle me le fait remarquer, je la respecte d'autant plus. »

3. « Depuis l'enfance, nous avons gardé l'habitude d'essayer de profiter des femmes. Je suis heureux de constater que celle que j'aime ne se laisse pas faire. »

4. « C'est vrai, je le reconnais, parfois je provoque une dispute avec ma femme. Ce n'est pas que je veuille lui en faire voir. C'est juste que j'ai passé une journée difficile et que la souffrance aime la compagnie. Dans ce cas, j'apprécie qu'elle sache me remettre à ma place. »

5. « J'aime qu'une femme soit directe. Son assurance me laisse supposer qu'elle sait quelque chose que je ne sais pas. Alors, je me dis qu'elle doit valoir la peine. »

6. « Une femme toujours douce et gentille peut rendre la vie monotone. »

7. « Quand je vois une femme stupide, je l'ignore parce que je ne respecte pas son opinion. Mais quand je rencontre une femme intelligente, qui sait se prendre en main, je suis flatté de sa présence. J'ai l'impression d'avoir quelque chose qui a de la valeur. »

Principe de séduction n° 72

La plupart des hommes ne respectent pas les femmes trop malléables.

8. « Quand j'essaie de faire quelque chose que je ne devrais pas, j'apprécie qu'une femme me le fasse remarquer. Tout dépend de la situation, mais j'aime les femmes qui ont le courage de leurs opinions. »

9. « Je la trouve sexy quand elle me tient tête. Elle n'a pas peur de montrer son désaccord ni de dire ce qu'elle pense. Elle ne répond pas amen à tout ce que je dis et ça m'oblige à faire attention. »

10. « Elle n'encaisse pas sans broncher. Au début, je m'en plaignais, mais j'admets que ça me plaît. »

Principe de séduction n° 73

N'ayez pas peur de vous défendre et de dire ce quevous pensez. Il vous respectera et vous lui plairez encore plus.

11. « J'aime qu'une femme me remette à ma place quand je sais que je le mérite. Une femme sûre d'elle, pas trop timide et capable de s'imposer est toujours sexy. »

12. « Les hommes ont du respect pour les femmes qui ne se laissent pas maltraiter. »

13. « Je traite les femmes comme des égales. Du coup, je n'hésite pas à les mettre en boîte et j'aime qu'elles me rendent la pareille, qu'elles aient le sens de l'humour. »

14. « J'aime qu'une femme ait du tempérament. Parce qu'alors je sais qu'elle ne me laissera pas profiter d'elle. La fierté, c'est sexy. »

15. « Une femme qui a du caractère est attirante sexuellement. On se dit qu'elle doit être sexy. Avec une gentille fille, on a toujours peur qu'elle coure dire à sa maman ce qu'on lui a fait. »

Principe de séduction n° 74

Beaucoup d'hommes partent du principe que la chieuse assure au lit et que la gentille fille est trop timide.

Dix moyens de savoir si un homme est amoureux

Les hommes dissimulent si bien leurs sentiments que les femmes se demandent souvent s'ils sont vraiment amoureux. Si vous vous posez encore cette question alors que vous êtes avec quelqu'un depuis longtemps, n'y croyez pas trop. Mais au début, fiez-vous à ce que votre partenaire fait pour vous. D'après les hommes que j'ai interrogés, c'est ce qui est le plus révélateur.

1. « Quand une femme propose à un homme de sortir un lundi soir, s'il accepte, c'est qu'il est amoureux. Il est amoureux quand il commence à la préférer à ses copains. »

2. « Un homme est amoureux quand il est toujours content. Il n'est pas comme d'habitude. Ses amis et sa famille le trouvent subitement plus enjoué. »

3. « Lorsqu'un homme laisse une fille apporter ses affaires chez lui, c'est qu'il est accro. Tout à coup, il est fier d'avoir une maison bien décorée. Il achète les meubles qu'elle aime et il lui laisse ranger les éponges sous l'évier. Il veut qu'elle fasse partie de sa vie à tous points de vue. »

4. « Un homme amoureux se met à prendre davantage soin de lui-même. Il fait des projets à long terme – financièrement, physiquement et sur tous les plans. »

5. « Il se met en quatre pour elle. Il court la voir dès qu'il peut. Si elle a un petit creux, il sort du lit pour aller lui chercher un croissant au milieu de la nuit. »

6. « Les hommes changent de partenaire jusqu'à ce qu'ils soient fous amoureux. Quand un homme aime vraiment une femme, peu importe qu'il puisse en avoir d'autres. Les autres femmes ne constituent plus une menace. Beaucoup de tentations disparaissent. »

7. « Un homme est amoureux quand il pense sans cesse à une femme, se montre attentionné ou cherche toujours des moyens de lui faire plaisir. »

8. « Tout à coup, on a le sentiment qu'on peut s'arrêter de chercher quelqu'un d'autre. »

9. « Un homme amoureux a envie de faire des choses qu'il n'aurait jamais faites auparavant, parce que c'est elle – se marier, avoir des enfants, par exemple. »

10. « Elle n'aura pas besoin de demander. Elle le saura au fond d'elle-même. »

Principe de séduction n° 75

Quand un homme tombe amoureux, il se met spontanément en quatre pour faire des choses qu'il n'aurait faites pour personne d'autre.

La plupart des conseils que je vous ai donnés dans ce livre se basent sur les confessions des hommes que j'ai interrogés. J'ai demandé à un médecin prénommé Georges pourquoi il ne révélait pas ces informations à sa partenaire. Il m'a répondu : « Parce qu'avec vous, cela ne porte pas à conséquence. Mais avec elle, si. » La conséquence dont parle Georges est une perte de pouvoir. Autrement dit, *les hommes ne veulent pas que les femmes connaissent leur attirance pour les chieuses.* Je savais que les informations qu'on me donnait étaient non seulement fiables mais aussi confidentielles. Beaucoup d'hommes m'ont demandé de ne pas citer leur nom parce que, ont-ils précisé, d'autres hommes se sentiraient trahis par leurs révélations.

Bien sûr, il est utile de savoir ce que les hommes pensent. Mais le but n'est pas de tout faire pour leur plaire. C'est ce que fait la gentille fille, à tort. Quand elle fait deux œufs au plat, si un jaune casse, elle le garde pour elle. Elle ne se rend même pas compte que sa surcompensation finit par agacer. Elle ne voit pas qu'en faisant tout pour son partenaire, elle se perd elle-même et risque de le perdre par la même occasion. N'hésitez pas à vous reporter aux listes de ce chapitre, mais ne vous mettez pas en quatre pour plaire à votre partenaire. Au contraire, faites-vous d'abord plaisir car, au bout du compte, c'est ce qui lui fait le plus plaisir.

8

Gardez votre carte grise

Pourquoi vous devez garder votre indépendance financière

« L'élégance ne consiste pas
à mettre une nouvelle robe. »

Coco Chanel

Indépendance financière : qui est propriétaire de votre vie ?

Il y a un domaine que vous ne pouvez pas négliger si vous voulez jouer pleinement votre rôle dans une relation : l'argent.

De nombreuses femmes rêvent d'un chevalier en armure qui paie toutes les factures. Mais elles oublient un détail : que se passe-t-il lorsque le Prince Charmant paie les factures du château ? C'est lui qui mène la barque. Et la princesse se retrouve dans le rôle de la servante.

Dans ce chapitre, nous allons voir ce qui passerait si vous perdiez votre « carte grise » et la capacité de subvenir à vos besoins.

Principe de séduction n° 76

Il ne vous jugera jamais capable de vous assumer si vous ne commencez pas par vous assumer financièrement.

Quand vous êtes propriétaire d'un véhicule, on vous délivre une carte grise, c'est-à-dire un titre de propriété. Vous êtes donc libre de faire ce que vous voulez de ce véhicule. De même, quand une femme garde la « carte grise » de sa vie, elle ne perd aucun privilège dans sa vie de couple.

De nombreuses mères disent à leurs filles que, si elles renoncent à leur autonomie et deviennent financièrement dépendantes d'un homme, elles se fermeront beaucoup de portes dans la vie. Elles seront à la disposition de leur partenaire. À sa merci.

C'est pourquoi une femme doit toujours conserver son indépendance, sa « carte grise » et la propriété pleine et entière de sa propre vie.

Travail = Argent = Possibilité
de garder votre carte grise
= Possibilité de choisir la façon
dont vous voulez être traitée = Dignité

Ce que les mères ne disent pas toujours, c'est ce que pensent les hommes de l'obligation d'entretenir une femme. Très vite, ils considèrent leur partenaire comme une responsabilité supplémentaire et non un atout. Ce n'est plus un privilège pour eux d'être avec elle.

Ce principe ne s'applique pas aux femmes qui élèvent leurs enfants. Une mère de famille fait largement sa part. Le père ne la considère pas comme un boulet, parce qu'il sait que son travail est parfois plus dur que le sien. Il ne peut donc que la respecter pour ce qu'elle fait.

Mais au début d'une relation, si vous gardez votre carte grise, vous gardez tout votre pouvoir. Si vous avez envie de quitter votre partenaire, il vous suffit de prendre votre valise et de vous en aller. Et c'est précisément cette indépendance qui fait qu'*il n'a pas envie de vous voir partir*.

Vous pouvez avoir du caractère et être sexy, si vous n'êtes pas capable de gagner votre vie, votre partenaire en tient forcément compte.

Si vous lui cédez votre carte grise, il se sent pris au piège, car vous devenez une *responsabilité* et non un privilège. Il le vit comme une contrainte. Il doit travailler pour deux afin de payer les factures. Cette pression et cette double responsabilité finissent par lui peser.

La chieuse conserve son indépendance et participe à la relation d'une façon ou d'une autre, car sa fierté ne lui permet pas d'être considérée comme un boulet. Elle ne se met pas dans l'impossibilité de quitter le navire – ce qu'elle fera dès qu'elle aura le sentiment de ne pas être traitée avec suffisamment d'égards.

Même si vous êtes avec un homme qui gagne très bien sa vie, montrez-lui que vous placez votre dignité au-dessus de tout le reste. Il doit comprendre que, s'il n'a pas de considération pour vous, vous ferez vos valises et quitterez son château pour un F1 sans hésiter.

Vous préférerez troquer votre Mercedes Benz contre une Twingo plutôt que de tolérer son manque de respect. Faites lui savoir que vous êtes prête à renoncer à un style de vie confortable s'il le faut.

Montrez votre détermination par des actes ou en glissant une petite réflexion sur le sujet. Par exemple, louez *Les Nuits avec mon ennemi*, film dans lequel Julia Roberts subit chaque jour la violence de son mari, et blottissez-vous contre votre partenaire sur le divan. Profitez de ce moment d'intimité pour lui dire en le regardant droit dans les yeux : « Il y a longtemps que je serais allée servir des hamburgers chez McDo'. »

Principe de séduction n° 77

Montrez-lui que vous n'accepterez pas d'être maltraitée et il vous respectera.

Avec une femme indépendante, un homme est trop occupé à essayer de rester à la hauteur pour se relâcher. Mais avec une femme dépendante financièrement, il se dit qu'elle ne pourra pas lui en vouloir de se laisser aller. Même si ce n'est pas son genre de maltraiter une femme, il aura l'impression de pouvoir faire tout ce qu'il lui plaît.

Vous n'avez pas besoin d'être riche, mais simplement de gagner de quoi vivre. Ainsi, tout ce que vous offre votre partenaire est un cadeau qu'il décide de vous faire et que vous décidez d'accepter.

Il ne vous invite pas à dîner parce que vous avez faim. Dans cette situation d'équilibre, vous pourrez continuer à vous faire des cadeaux.

Marianne m'a raconté ce qu'elle ressentait lorsque son mari était le seul à travailler : « Il était chirurgien et il gagnait très bien sa vie. Mais, pendant quatre ans, je n'ai pas eu de manteau. Je ne me sentais pas en droit de faire des dépenses pour un manteau étant donné que je ne gagnais pas d'argent. Alors, je portais des vestes que j'avais depuis le lycée ou j'empruntais les manteaux de mon mari. Dès que j'ai eu un emploi à mi-temps, je me suis sentie beaucoup plus à l'aise. Non seulement parce que je pouvais acheter ce que je voulais, mais parce que je n'avais pas besoin de réclamer. »

Si vous gagnez votre vie, tout ce que votre partenaire vous donne est un extra. Vous ne vivez pas à ses crochets. Et ce que vous faites ne dépend pas de son bon vouloir.

Principe de séduction n° 78

Pour garder votre carte grise,
vous devez être capable de vous assumer –
avec ou sans lui. Ne le laissez pas croire
que vous êtes à sa merci.

Susan B. Anthony a dit : « Je n'ai jamais été prête à renoncer à ma liberté pour devenir la femme de ménage d'un homme. » En réalité, le problème, ce n'est pas d'être la femme de ménage.

C'est encore moins de rester à la maison pour élever les enfants, car c'est une tâche bien plus difficile que de travailler.

Non la vraie question que vous devez vous poser est la suivante : *ai-je la possibilité et les moyens de partir si et quand j'en ai envie ?*

Quand un homme entretient complètement une femme, il peut réagir de deux façons différentes :

1. Il se sent pris au piège dans une situation sans issue.

2. Il considère sa partenaire comme une petite fille.

Principe de séduction n° 79

Quand un homme considère une femme comme une petite fille ou une sœur dont il doit s'occuper, la passion s'efface. Comment pourrait-il faire l'amour à sa petite sœur ?

Les hommes veulent une femme forte, pas une petite fille sans défense. C'est très important pour la vie sexuelle du couple.

Je connais un couple sans enfant dont le mari, Michael, est le seul à travailler. Il détient tout le pouvoir financier. Et à chaque fois que sa femme rentre à la maison avec une nouvelle paire de chaussures, il lui fait le même sermon :

Le sermon des deux pieds

« Tu n'as que deux pieds, non ? Pourquoi te faut-il autant de chaussures ? Il y a 365 jours dans l'année et tu as 100 paires de chaussures. Ça fait une paire de chaussures tous les 3,65 jours. Moi, j'ai des tongs, des baskets et quelques paires de chaussures de ville. Mais toi, pourquoi te faut-il autant de chaussures ? Tu vois celles que j'ai là ? Je les porte tous les jours depuis deux ans. Je ne comprends pas pourquoi il te faut autant de chaussures ! »

Si elle travaillait, est-ce qu'il lui ferait ce sermon ? Peu probable. Mais comme il est le seul à payer les factures, l'argent est devenu un problème entre eux. Si elle était caissière chez McDo' ne serait-ce qu'un jour par semaine, il n'aurait pas son mot à dire. Elle porterait fièrement ses nouvelles chaussures sans avoir d'explication à donner.

Principe de séduction n° 80

La possibilité de choisir la façon dont vous voulez vivre et être traitée vous donnera beaucoup plus de pouvoir que n'importe quel privilège matériel.

Si votre partenaire vous considère comme une petite fille, peut-être vous manque-t-il de respect. Par exemple, il vous octroie une pension ou vous dit combien d'argent vous pouvez dépenser. Ou il vous dit ce que vous pouvez ou ne pouvez pas acheter. Toutes ces restrictions reflètent votre manque de liberté et votre incapacité à faire vos propres choix. Voici deux bonnes raisons pour lesquelles vous ne pouvez pas tolérer cette situation :

- C'est votre indépendance d'esprit qui alimente le défi intellectuel que vous représentez et l'intérêt qu'il vous porte.

- Votre capacité à faire vos propres choix dans la vie est votre atout le plus précieux, l'instrument de votre pouvoir.

Non content de vous dire ce que vous devez acheter ou non, votre partenaire finira par décider de ce que vous aimez ou n'aimez pas. Il ne vous demandera pas votre opinion mais vous dira *quelle doit être* votre opinion. Bref, il vous traitera comme une poupée Barbie qui n'a pas de cerveau. Et voilà ce qui se passera :

- Il voudra toujours avoir le dernier mot.

- Ce qu'il dira sera parole d'évangile.

- Il contrôlera ce qui vous rend triste ou heureuse.
- Il sera le patron et vous traitera comme une subordonnée.
- Il vous offrira son aide selon ses propres conditions et vous serez à sa merci.

Principe de séduction n° 81

Quand l'un des deux membres du couple a l'impression que l'autre n'apporte aucune contribution, il n'a plus de respect pour lui ou pour elle.

Qu'il paie ou non les factures, la question n'est pas là. Vous, vous devez être capable de vous retourner en cas de coup dur.

À partir de ce moment-là, vous êtes libre de vos faits et gestes. Cela ne l'empêche d'être le « chef de famille » car, bien sûr, il veut régner sur son territoire comme un vieux chef indien. Mais il n'a pas l'impression d'avoir un droit de regard sur votre vie.

En vous assumant pleinement, vous préservez plusieurs atouts :

1. Le défi intellectuel.
2. Le respect.
3. La longévité de votre relation.
4. Le désir sexuel.

Prenons un exemple : Lydie, très attirée par le faste, vivait avec Charles dans sa villa de Saint-Tropez. Elle conduisait une Mercedes Benz et faisait des folies dans les boutiques de luxe.

Sa vie et même sa survie dépendaient entièrement de Charles, un homme auquel elle n'était pas vraiment attachée. Si, en surface, elle semblait tout avoir, elle avait complètement renoncé à sa carte grise.

Un jour, je suis passée prendre Lydie chez elle pour l'emmener déjeuner. Avant de partir, elle a ouvert un tiroir et pris du liquide en me disant qu'elle devait faire un dépôt sur son compte. Elle avait fait un chèque sans provision de vingt euros. Et elle a ajouté : « Charles ménage ma fierté. Il me laisse de l'argent dans un tiroir pour que je n'aie pas à lui en demander. »

Fierté ? Quelle fierté ? La fierté, c'est toucher son chèque à la fin du mois ! Il n'y a qu'une formule plus importante que « Plaisir d'offrir », c'est « À l'ordre de ».

Dans cet exemple, le problème n'est pas d'ordre financier. Charles a même suggéré à Lydie de prendre un emploi à temps partiel : « J'aurais davantage de respect pour toi si tu avais un travail. » Mais elle n'a fait aucun effort pour trouver un emploi. Et deux semaines plus tard, elle faisait ses valises – des Gucci, forcément ! – en pleurnichant…

Être une sangsue ne rapporte jamais, comme en témoignent les gros titres des magazines à potins. D'ailleurs, les sangsues d'aujourd'hui subissent un inconvénient supplémentaire : le Viagra. Elles doivent travailler deux fois plus dur pour le même salaire !

Pour rétablir l'équilibre, il vous suffit de payer une facture d'électricité ou de faire les courses de temps à autre.

C'est une bonne façon d'exprimer votre gratitude. Ensuite, votre partenaire se fera un plaisir de payer tout le reste. Il attend davantage de la *réciprocité* que de l'équité.

Principe de séduction n° 82

La dépendance financière ne vaut pas mieux que la dépendance émotionnelle. Dans les deux cas, il peut avoir une emprise totale sur vous.

Je connais une autre femme, Mathilde, qui vivait avec un homme depuis quatre ans. C'est lui qui payait toutes les factures et il ne s'en plaignait jamais parce qu'il savait qu'elle n'avait aucun revenu. Mais, un jour, elle a fait un héritage.

Elle avait 120 000 euros qui dormaient sur un compte d'épargne. Alors il lui a demandé de l'aider à payer les factures. Et elle a refusé.

Il ne lui demandait pas de tout prendre en charge, ni même de faire moitié-moitié. Il lui a simplement suggéré de participer un peu. Les intérêts de son capital auraient largement suffit à payer quelques dépenses de la vie quotidienne. Mais Mathilde voulait garder cet argent pour sa « retraite ».

Peu de temps après, il l'a quittée et elle a dû déménager. Elle s'est donc trouvée dans l'obligation de débourser beaucoup plus pour assumer ses frais personnels. Elle aurait dû participer en fonction de ses moyens, quoi qu'il en soit. Le fait est qu'elle y aurait gagné financièrement. Mais ce n'est pas une question d'argent. Son couple aurait tenu si elle avait rétabli un équilibre en participant aux dépenses. Voici le point de vue d'un millionnaire prénommé Benjamin : « Un homme qui a réussi comprend très vite que les femmes s'intéressent à son argent. Elles défilent toutes dans l'espoir de lui faire les poches. Il n'a qu'à montrer qu'il est riche ou qu'il conduit une belle voiture et possède une grande maison pour qu'elles s'alignent comme des canards. »

D'accord, beaucoup d'hommes riches aiment s'afficher avec une Barbie. Mais leur argent est généralement leur seul atout et leurs pimbêches ne font pas long feu. Dès qu'une femme ne fait plus l'affaire, ils la remplacent par un nouveau modèle.

Un homme de qualité recherche une femme forte, car il veut la garder. Il veut une partenaire pour laquelle il ait du respect : une *égale*.

Peut-être qu'il rapportera plus d'argent à la maison et qu'elle sera mère au foyer, mais elle fournira, d'une manière ou d'une autre, sa contribution. Autrement dit, elle ne vivra pas à ses crochets. Elle s'assumera et sera avec lui *par choix*.

Principe de séduction n° 83

La beauté ne suffit pas à inspirer
le respect. Elle séduit, mais c'est
l'indépendance qui maintient l'intérêt.

La dignité n'a rien à voir avec le fait de tirer l'argent d'un tiroir, d'un sac ou d'un portefeuille. Avec un revenu, même modeste, vous gardez tous vos privilèges :

1. Vivre selon vos propres conditions.

2. Vivre à votre rythme.

3. Décider de la façon dont vous voulez être traitée.

4. Choisir ce que vous tolérez ou pas.

5. Partir si vous n'obtenez pas ce que vous voulez.

Tous les points de cette liste correspondent aux principales valeurs de la chieuse. En un mot, ce que la chieuse veut conserver à tout prix, c'est son *pouvoir*. Et comme l'a dit Henry Kissinger, « le pouvoir est l'aphrodisiaque absolu. »

Argent et gratitude

En menant mon enquête, j'ai été surprise de découvrir que, d'une façon générale, les hommes acceptent volontiers de payer l'addition au restaurant. Ce qui les chagrine, c'est que les femmes fassent comme si c'était normal.

Soyez reconnaissante. Si votre partenaire paie l'addition, montrez-lui que vous appréciez son geste et exprimez-lui votre gratitude.

De nombreux hommes se disent choqués par le manque de gratitude des femmes. Il y en a même certaines qui font payer leur partenaire le jour de leur anniversaire, après avoir pris l'initiative de l'emmener au restaurant !

Voici le témoignage le plus renversant que j'aie recueilli : une femme a invité des tas de gens pour l'anniversaire de son mari et demandé à celui-ci de payer pour tout le monde.

Lorsque le serveur a apporté l'addition, tous les convives ont sorti leur portefeuille, mais elle s'est écrié : « Laissez, les gars ! C'est pour Marc. » C'est ce qu'on appelle être éperdue de reconnaissance.

C'est la même chose avec les fleurs ou les cadeaux. Exprimez-vous votre joie et votre gratitude, ou dites-vous merci du bout des lèvres en mettant les fleurs dans l'eau ? Bon d'accord, s'il vous ramène un bouquet de fleurs flétries à 2,99 euros qui traînait depuis une semaine dans le supermarché du coin, vous avez le droit de marmonner un merci inaudible en cherchant un vase.

Quand il vous offre un cadeau, n'allez pas systématiquement l'échanger ou il renoncera à ces petites marques d'affection. Au pire, échangez-le contre un article similaire et dites-lui que c'est celui qu'il vous acheté en ajoutant : « Il ne fait pas la même impression sur moi, hein ? » (Il n'y verra que du feu.)

Si vous voulez qu'il vous offre des bijoux, ne prononcez jamais le mot « gage ». Si vous avez mis en gage des bijoux que votre ex-mari vous avait offerts, n'en dites rien.

Les hommes attachent beaucoup d'importance à la reconnaissance. Je connais un homme, Fabrice, qui a quitté une femme parce qu'elle ne lui avait pas été reconnaissante de lui avoir fait un cadeau.

Un jour, lorsqu'il était chez elle, elle lui a demandé de déplacer une vieille télé d'une pièce à une autre. Cette télé avait une valeur sentimentale pour elle parce que c'était son père qui lui avait donnée. Sans le faire exprès, Fabrice a fait tomber la télé et l'a cassée. « Je m'en voulais vraiment », m'a-t-il avoué. « Alors je suis allé lui acheter un home cinéma à 2 600 euros avec une image et un son parfaits.

Une semaine plus tard, on a invité des amis. Ils ont tous dit : “Super, la nouvelle télé !” Et elle a répondu d’un air sarcastique :“Fabrice a cassé l’autre.” J’ai failli en tomber de ma chaise. »

Fabrice a quitté son appartement ce soir-là et n’est jamais revenu.

Comme les hommes n’ont pas l’habitude d’exprimer leurs émotions, certaines femmes pensent que l’argent ne représente rien pour eux. Elles font comme s’ils ne l’avaient pas durement gagné. Quand un homme vous offre quelque chose, témoignez-lui le respect qu’il mérite et remerciez-le de sa gentillesse. Si vous voulez être bien traitée, vous devez faire en sorte qu’il se sente admiré lorsqu’il est généreux. Sinon, il n’aura pas envie de recommencer.

Vivien, un homme très généreux par nature, m’a parlé d’une femme qui, lorsqu’il l’a emmenée dans un restaurant chic de la ville, a commandé un homard : « Qu’elle commande un homard, d’accord, mais elle n’y a quasiment pas touché. Et elle m’a dit : “Je n’avais pas très faim, de toute façon.» Ça m’a choqué. ”

Ce que votre partenaire vous offre n’est pas un dû. Montrez que vous appréciez le geste. Il est certainement ravi de vous inviter, mais *il tient à ce que vous lui en soyez reconnaissante.*

S’il vous tient la porte, dites-lui que vous admirez sa galanterie. Mettez sa virilité en avant et il se sentira valorisé.

L’argent est aussi un bon baromètre en ce qui concerne les intentions d’un homme. Je connais une femme, Carole, qui fréquentait un homme prénommé Guy. Dès le départ, Guy lui a dit qu’il ne pouvait pas se permettre de tout payer.

Il avait toujours de bonnes excuses pour ne pas sortir son portefeuille. À chaque fois qu'ils sortaient, ils partageaient les frais en deux parts strictement égales. Sans exception.

Un jour, Carole a accompagné Guy et plusieurs de ses amis dans un bar. À sa grande surprise, elle a découvert qu'il payait sans cesse des bières à ses copains. En vingt minutes, il avait payé deux tournées et laissé sans compter 80 euros sur le comptoir. « S'il vous plaît ! La même chose pour mon vieux pote… » Le matin même, il avait demandé à Carole 7 euros pour son café et ses croissants.

Carole a tout de suite compris que Guy ne s'investissait pas du tout dans leur relation et l'a quitté immédiatement. En général, quand un homme veut absolument partager les frais dès les premiers rendez-vous, c'est qu'il n'a aucune intention de s'engager.

C'est vrai, certaines femmes refusent que les hommes paient l'addition au restaurant. Elles ne veulent pas être « achetées ». La chieuse, quant à elle, n'a aucun scrupule à être bien traitée. Elle accepte ce qu'on lui offre. Si la gentille fille ne se laisse pas inviter au restaurant, c'est parce qu'elle ne veut pas se sentir redevable. Mais la chieuse n'a pas de complexes de ce genre. Elle se contente de remercier courtoisement. Elle ne se sent ni coupable, ni redevable.

Si vous fréquentez un étudiant ou un homme qui a vraiment du mal à joindre les deux bouts, il vous proposera un restaurant pas cher.

Ou il suggèrera une sortie qui ne coûte rien. Par exemple, il prendra une bouteille de vin et une couverture et vous emmènera faire un pique-nique dans un joli parc. Ou il vous invitera à une fête chez des amis. Mais s'il tient vraiment à vous, il ne vous fera pas payer l'addition ni partager les frais.

Parlons de l'exemple de Sabrina, qui vivait avec un médecin prénommé Georges. C'était un chirurgien reconnu qui gagnait très bien sa vie, tandis qu'elle était interne à l'hôpital et ne gagnait pas grand chose.

Ils vivaient ensemble dans la villa de Georges, qu'il avait quasiment fini de payer. Mais il tenait à ce qu'elle lui verse une somme conséquente à titre de loyer.

De plus, ils partageaient tous les frais : les courses, l'électricité, etc. – à l'exception de la litière et de la nourriture du chat, que Sabrina devait acheter elle-même étant donné qu'il s'agissait de son chat.

Principe de séduction n° 84

Quand un homme fait des comptes d'apothicaire pour que vous ne profitiez pas de lui, c'est peut-être lui qui profite de vous.

Si Georges gagnait un demi-million par an, la quasi-totalité des revenus de Sabrina passait dans le remboursement de son prêt étudiant.

Comparez vous-même les dépenses de chacun en fonction de ses revenus :

- Il gagnait 500 000 euros.
- Elle gagnait 25 000 euros.
- Chacun dépensait 25 000 euros.
- Le chat ne payait pas de loyer.

Georges gagnait donc vingt fois plus que Sabrina, mais elle payait la moitié des factures. De plus, le loyer versé par Sabrina payait directement, par virements mensuels, l'assurance de la villa ! Qu'est-ce que cela prouve ? Que même une femme brillante comme Sabrina peut être *trop gentille*…

Dans un couple, aucun des deux ne doit être le seul à donner. C'est donnant-donnant. Si votre partenaire vous invite au théâtre, et si vous n'avez pas le temps de dîner au restaurant avant d'y aller parce qu'il rentre tard du bureau, commandez un repas chinois et faites en sorte que tout soit prêt quand il arrive.

S'il vous invite à dîner, achetez des tickets de cinéma avant de partir et faites-lui la surprise. S'il vous propose de sortir et d'organiser vous-même la soirée, tenez compte de ses préférences ainsi que des vôtres. Par exemple, Claire voulait absolument que son petit ami l'emmène au théâtre, alors qu'il a horreur de ça. Elle a insisté et voici comment il m'a décrit sa soirée : « Je lui ai donné ma carte de crédit et elle a acheté les billets et loué un smoking pour moi. Avec mes jumelles de théâtre que je tenais par une petite tige, je me suis senti ridicule. C'était un affront à ma virilité. Je n'arrivais à croire que j'avais dépensé une fortune pour ça et je comptais les minutes en attendant impatiemment la fin du spectacle. C'est la dernière fois que je l'ai laissée organiser une soirée. »

Quand un homme vous invite à faire un voyage, soyez prévenante. S'il vous demande de faire les réservations alors que c'est lui qui va payer, proposez-lui des hôtels à différents prix et laissez-le choisir. Les hommes adorent prendre des décisions et voir que leur opinion compte vraiment (au pire, faites semblant). S'il paie le voyage, surprenez-le en lui offrant le service « petit-déjeuner au lit » à l'hôtel. Ou invitez-le à dîner pour le remercier. Offrez-lui une chemise si vous allez dans les îles ou un pull si vous allez en montagne.

Encore une fois, il s'agit simplement de montrer que vous appréciez ce qu'il fait pour vous. Ne faites pas comme si c'était normal.

S'il vous fait un cadeau, soyez enthousiaste – même s'il est moche. « J'adore ! » Le mari d'une de mes amies lui a offert un tee-shirt avec une espèce de croix sur un fond cachemire. Ce tee-shirt était si laid qu'il aurait pu faire peur aux enfants. Bien qu'elle l'ait détesté d'emblée, mon amie l'a porté à la maison, juste pour faire plaisir à son mari.

En général, la gentille fille donne trop. Elle a le sentiment que son partenaire a besoin d'elle et elle court à son secours comme une missionnaire de la Croix Rouge. Elle donne *aveuglément*.

Pensez à l'exemple malheureusement classique de la femme qui prête de l'argent à son partenaire – en général, celles qui prêtent de l'argent sont celles qui ont le plus de mal à en gagner.

Grâce à ce prêt, il s'achète un auto-radio pour sa voiture alors qu'elle, elle a besoin de faire réviser la sienne. En matière de prêt, la règle est simple : *refusez*.

Cécile, la chieuse parfaite, m'a raconté une histoire intéressante. Elle fréquentait Fabien depuis un petit moment, mais elle ne le voyait pas souvent parce qu'il voyageait beaucoup. Un jour, il lui a demandé de lui prêter de l'argent. « Fabien m'a appelée de Mayotte et m'a dit qu'il avait une "urgence". Il m'a demandé de lui envoyer un mandat postal de mille euros. Quand j'ai voulu savoir à quoi allait servir cet argent, il n'a pas arrêté de changer de version. Au bout du compte, il s'agissait de verser une pension alimentaire à la mère d'un enfant dont il ne m'avait jamais parlé. Pour aller chercher le mandat au bureau de poste, il fallait qu'il prenne un bac. Alors je lui ai dit :"Je t'envoie le mandat immédiatement. Dépêche-toi de prendre le bac." »

Fabien ne s'est douté de rien. Une fois arrivé au bureau de poste, il a retéléphoné à Cécile pour lui dire que l'argent n'était pas là. Cécile a fait mine d'être surprise et même contrariée : « Il faut vraiment se méfier avec les mandats ! Demain matin, je retourne au bureau de poste pour savoir ce qui s'est passé. »

Le lendemain, Fabien a repris le bac pour aller chercher son butin. À sa grande surprise, le mandat n'était toujours pas là.

Bien sûr, Cécile ne l'a jamais revu, car elle n'a pas apprécié qu'un homme qu'elle connaissait à peine lui réclame de l'argent. Mais elle parle toujours de cette anecdote avec humour : « Maintenant qu'il connaît le bac comme sa poche, s'il n'a toujours pas d'argent, il peut au moins trouver un job de passeur ! »

Principe de séduction n° 85

On reconnaît un homme qui a de l'amour-propre à sa volonté de s'assumer.

La chieuse n'est pas méchante. Seulement, elle ne se laisse pas mener en bateau. D'accord, vous devez traiter les autres comme vous voudriez qu'ils vous traitent, mais votre partenaire aussi. Ne le laissez pas s'imaginer que vous êtes avec lui parce que vous n'avez pas d'autre point de chute. Par votre indépendance financière, vous lui signifiez que, s'il est désagréable, vous ne resterez pas longtemps avec lui. Ainsi, votre relation se base sur le respect, la réciprocité et le bien de tous.

9

Comment renouveler le défi intellectuel

Ou l'art de faire jaillir l'étincelle à nouveau

« L'égalité ne consiste pas à être traitée comme un homme mais à se traiter comme on traite un homme. »

Marlo Thomas

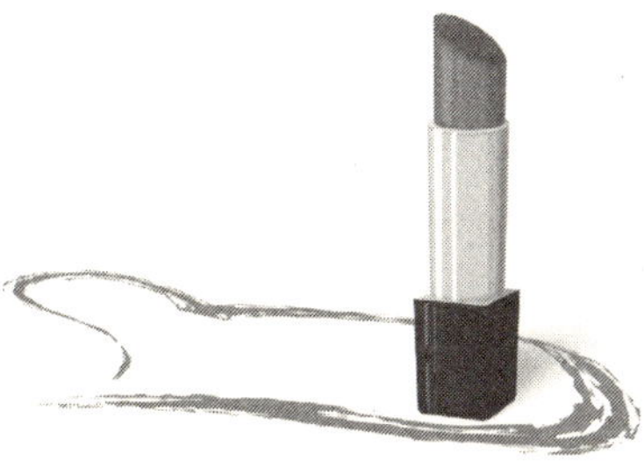

Étape n° 1 : n'attendez pas qu'il s'occupe de vous, faites-le vous-même

Ce qu'un homme aime chez une femme indépendante, c'est qu'elle est indépendante *de lui.* Il se sent sur un pied d'égalité avec elle. Si elle renonce à ses activités quotidiennes, il finira par se désintéresser d'elle. Au lieu de penser qu'il a gagné le gros lot, il la considèrera comme un boulet.

Pour faire jaillir l'étincelle à nouveau, vous devez réorienter votre attention et votre énergie vers vous-même. Vous devez avoir d'autres centres d'intérêts que votre partenaire, comme c'était le cas avant que vous le rencontriez. Les femmes qui se passionnent pour une activité ou une autre plaisent davantage aux hommes. Alors, bougez-vous ! Même s'il ne s'intéresse pas particulièrement à ce que vous faites, ce qui compte, c'est que *vous* vous y intéressiez.

Principe de séduction n° 86

Plus vous êtes indépendante de lui,
plus il s'intéresse à vous.

Et je le prouve ! Matthieu, un homme à la fois riche et séduisant qui avait toutes les femmes à ses pieds, a vécu une histoire inattendue avec une femme étonnante prénommée Laura. Il l'a décrivait comme un « rat de bibliothèque réactionnaire », qui portait de longues jupes plissées. Après quelques soirées passées ensemble, il l'a invitée à faire une croisière. Il était très sûr de lui et croyait qu'il allait lui apprendre à vivre. Il voulait « bousculer son petit univers ». Mais Laura a décliné l'invitation. Pourquoi ? Elle avait une réunion Tupperware.

Matthieu n'en revenait pas : « J'espérais qu'elle finirait par changer d'avis. J'ai pris le bateau seul et, au bout d'une journée, je suis rentré pour voir ce qu'elle faisait. Une réunion Tupperware ? C'était impossible. Je ne pouvais pas croire qu'elle avait renoncé à une croisière avec *moi* pour une réunion Tupperware. Je me suis dit qu'elle était forcément avec un autre homme. Il fallait que j'en aie le cœur net. »

Il est donc arrivé chez Laura le soir où la réunion devait avoir lieu. Et il a découvert complètement ébahi… qu'elle était effectivement en pleine réunion Tupperware !

Lorsqu'il est entré, elle a été ravie de le voir et lui a offert un petit gâteau. À cet instant, il aurait pu être en train de manger une langouste ou des fruits de mer exotiques avec toutes les femmes qu'il voulait en voguant vers les Bahamas. Et il se retrouvait avec un petit chou à la crème ramolli entre les doigts. Il aurait pu regarder un spectacle époustouflant sur le bateau. Mais non, l'événement du jour était la présentation de boîtes Tupperware en forme de cœur ou d'étoile.

Il n'en croyait pas ses yeux : « J'étais au beau milieu d'une assemblée de femmes qui jacassaient et s'extasiaient devant des récipients en plastique. J'ai bu un café dans une petite tasse en porcelaine, avec une cuillère minuscule. Je n'arrivais pas à y croire. Je me disais : "Elle me fait passer après ça. Je rêve !" »

Laura a-t-elle été méchante ? Pas du tout. Contrairement à beaucoup d'autres femmes, elle n'a pas renoncé à ses activités pour quelque chose que seul son partenaire trouvait plus intéressant. Matthieu ne pensait pas qu'elle attacherait plus d'importance à ses centres d'intérêts qu'à une croisière avec lui. Et il avoué : « À partir de ce moment-là, je n'ai eu d'yeux que pour elle. » Ce couple improbable est même devenu très solide.

Matthieu a voulu lui en mettre plein la vue, mais Laura *ne s'est pas du tout laissée impressionner*. Contrairement à la chieuse, la gentille fille se laisse impressionner trop facilement. Elle révèle tout de suite son désir d'avoir une relation et s'expose à un manque d'égards de la part de son partenaire.

Principe de séduction n° 87

Plus vous faites preuve d'impatience, plus la carotte qu'on vous fait miroiter s'éloigne.

Si vous ne voulez pas paraître impatiente, ayez une vie. Soyez détendue et arrêtez de réclamer. Cassez l'image de la femme dépendante et vous changerez immédiatement la dynamique de votre couple.

Pour renouveler le défi, vous devez absolument *poursuivre les activités que vous aviez avant que votre partenaire entre en scène*. La première fois que vous lui direz que vous ne pouvez pas le voir parce que vous avez d'autres projets, il sera pris au dépourvu. Et probablement sur la défensive.

Il sera encore plus perplexe si votre activité lui semble quelconque. Dans l'exemple précédent, il s'agissait d'une réunion Tupperware. Mais tout ce qui est tricot, jardinage ou poterie fera l'affaire. Vous pouvez être sûr que son ego ne le laissera pas passer après un pull en laine, une plante verte ou un vase en terre cuite.

Quelle que soit votre activité, dès que vous vous passionnerez pour *autre chose que lui*, il voudra revenir sur le devant de la scène. Il se posera à nouveau la question qu'il s'était posée au début de votre relation : « Comment peut-elle préférer faire ça, alors qu'elle pourrait être avec moi ? »

En refusant de tout lâcher pour passer du temps avec lui, vous prouverez que vous avez d'autres centres d'intérêts que lui. Alors il s'intéressera de nouveau à vous en tant que personne.

Étape n° 2 : cassez la routine

Pour renouveler le défi intellectuel, il est essentiel de casser la routine. Quand la routine s'installe, votre couple est en « pilote automatique ». L'esprit de votre partenaire se met à vagabonder, car il n'est pas suffisamment stimulé. Alors, prête pour la stimulation ? Comme l'a dit Harry Truman, « si vous ne pouvez pas convaincre, semez la confusion. » Comment ? En bouleversant vos habitudes. Faites comme si de rien n'était. Mais, au lieu de voir votre partenaire régulièrement, laissez vos rendez-vous au hasard. Autrement dit, faites en sorte qu'il ne sache jamais à l'avance quand ni où il va vous voir.

Principe de séduction n° 88

Si vous vous effacez pour casser la routine, il viendra vers vous. Les hommes ne réagissent pas aux paroles mais à l'absence de contact.

Ce principe s'applique que vous soyez mariée ou non. Pour renouveler le défi intellectuel, surprenez-le. S'il se laisse aller, secouez-le. Les femmes célibataires organisent souvent leurs soirées en fonction du moment où leur partenaire doit les appeler. Les femmes mariées, quant à elles, attendent que leur mari rentre à la maison. En bref, mariées ou pas, elles sont dans l'expectative.

Virginie a cassé la routine, et ça a marché ! Elle trouvait que son mari, Alain, se relâchait un peu lorsqu'il partait en voyage d'affaires. Tous les soirs, elle devait rester à côté du téléphone à attendre qu'il l'appelle, même si cela l'obligeait à renoncer à ses projets. Avec le temps, ce coup de fil est devenu une corvée pour Alain. Il lui téléphonait vers 19 h 30 et l'expédiait pour aller boire un verre avec ses collègues.

Virginie a décidé de jeter un pavé dans la mare. Comment ? C'est simple – en se mettant hors de sa portée. Lorsqu'il est reparti en voyages d'affaires, elle l'a emmené à l'aéroport en se gardant bien de lui dire : « Appelle-moi en arrivant. » Et ensuite, elle n'a été joignable qu'environ une fois sur deux. Elle est allée rendre visite à des amies qu'elle n'avait pas vu depuis longtemps et ne s'est pas précipitée à la maison pour attendre son coup de fil.

La première fois qu'il n'a pas pu la joindre, Alain a paniqué. Toute son attention à été tournée vers elle. Il a appelé à 19 h 30 et pratiquement toutes les demi-heures jusqu'à 22 h 30. Puis il est sorti, il a bu un *demi*-verre, et il est retourné à l'hôtel pour appeler sa femme. Virginie est rentrée à 22 h 59 ; le téléphone a sonné à 23 h 01.

Alain s'est réjoui de pouvoir la joindre. Lui parler n'était plus une corvée. Virginie aussi était contente – surtout quant elle a vu qu'il y avait neuf messages sur son répondeur (six de lui et trois d'un mystérieux interlocuteur qui avait raccroché après le bip). La soirée s'est donc bien terminée pour tout le monde.

Tout à coup, Virginie a manqué à Alain, parce qu'elle avait une vie propre en dehors de leur relation. N'arrêtez jamais de vivre votre vie. Prenez des cours. Faites des activités. Rencontrez des gens. Vos centres d'intérêts font de vous une femme intéressante.

Autrement dit, c'est votre aptitude à être satisfaite de votre vie qui vous rend intéressante. Soyez heureuse, avec ou sans lui.

Une autre femme mariée, Hélène, avait elle aussi l'impression de faire partie du décor. Elle faisait toujours la cuisine pour son mari, Serge, et leurs deux enfants. Seul Serge travaillait et il rentrait souvent tard du bureau. En général, il n'était pas là pour le dîner. Ce qui contrariait particulièrement Hélène, c'est qu'il ne la prévenait jamais de l'heure à laquelle il allait arriver. Parfois, elle réchauffait son assiette trois fois avant qu'il soit enfin là.

Elle lui répétait sans cesse : « Les enfants ont besoin de te voir au dîner, Serge. » Mais, soir après soir, elle réchauffait son assiette, tandis que les enfants étaient déjà couchés depuis longtemps.

Comme beaucoup de gentilles filles, elle était trop tolérante. La chieuse, elle, aurait pris d'autres dispositions. Elle aurait *cassé la routine*. Dans un moment de tranquillité, elle aurait simplement dit à son mari : « Tu sais, chéri, tu n'es quasiment pas là de la semaine, alors ce n'est pas la peine que je prévoie tes repas. Si les enfants laissent des restes, je te les mettrai dans le frigo. Mais ce serait sans doute mieux que tu achètes un plat à emporter en rentrant à la maison. »

Pendant quelques jours, il achèterait des plats à emporter. La première fois, ce seraient des nems et la seconde, un hamburger. Ensuite, il passerait au jambon-beurre. Et il ne tarderait pas à rentrer à la maison à l'heure pour déguster un bon dîner en famille.

Carine, encore une de ces gentilles filles, s'est aussi rebellée après avoir passé des heures à faire le ménage et la cuisine pour son mari, Paul. Un jour, celui-ci venait de commencer de manger lorsqu'il lui a dit : « C'est vraiment pas malin de nettoyer le sol maintenant. Ça pue, ce détergent. Tu pourrais attendre que j'aie fini de manger ! » Elle a failli ne pas résister à l'envie de l'étrangler.

Pendant tout le reste de la semaine, elle ne lui a quasiment pas parlé. Il a fallu qu'il lui demande « qu'est-ce qui ne va pas ? » une dizaine de fois avant qu'elle vide son sac. Et, en quelques jours, l'abeille ouvrière est devenue la reine.

Sa première exigence : une femme de ménage. Elle a été inflexible sur ce point. Ensuite, elle a fixé quelques règles pour le dîner. Paul commençait souvent à manger sans elle et quittait la table avant même qu'elle ait eu le temps de s'asseoir.

Elle lui a donc dit qu'elle ne cuisinait pas pour deux pour ensuite manger seule. Elle lui a aussi suggéré de sortir dîner quelquefois, pas forcément dans un restaurant chic. Et elle a tenu bon. Aujourd'hui, non seulement ils ont une femme de ménage, mais ils sortent une fois par semaine.

En réorganisant le dîner, Hélène et Carine ont fait comprendre à leurs maris qu'ils avaient eux aussi quelque chose à perdre. Elles leur ont lancé un ultimatum : « Soit on parvient à un compromis, soit c'est chacun pour soi. » (Et tu ne manges pas.)

Principe de séduction n° 89

Ne récompensez pas un mauvais comportement.

Beaucoup de femmes font l'erreur de se mettre à la disposition d'un homme qui n'a aucune considération pour elles. Sylvie, par exemple, élève seule ses enfants avec de faibles revenus. Pendant deux jours, elle a cherché partout un moule en forme de cœur afin de faire un gâteau à son petit ami pour la Saint-Valentin. Question : Croyez-vous qu'un homme soit sensible à ce genre de détail ?

Non. Et si c'était le cas, il aurait probablement préféré un gâteau en forme de clef à molette ou de télécommande… Une femme pour qui son partenaire n'a aucune considération doit absolument réduire ses efforts en cuisine. D'accord, on dit que l'amour d'un homme passe par son estomac, mais personne n'a dit que c'était à vous de faire la cuisine. Alors, comment faire ? Vous avez l'embarras du choix. Vous pouvez vous faire livrer. Ou bien acheter des plats à emporter. Votre partenaire peut vous emmener au restaurant. Ou, mieux encore, faire un barbecue. Voilà qui lui plaît. Il allume le feu, étale la viande sur la grille et, plus le barbecue est grand, plus il se sent viril.

S'il vous propose un barbecue, acceptez avec enthousiasme. En contrepartie, proposez de faire la vaisselle.

Pendant qu'il s'occupe du feu, dressez la table en bonne maîtresse de maison : deux assiettes en carton, deux verres en plastique, deux serviettes en papier et des couverts en plastique. Pas besoin de nappe.

Il n'est jamais trop tôt pour l'inciter à mettre la main à la pâte. Je vous suggère même de le faire dès la première fois qu'il vient chez vous. En général, à ce moment-là, vous vous êtes déjà vus plusieurs fois et vous êtes à l'aise ensemble. Entraînez-le dans la cuisine et faites-lui faire le « tour du propriétaire » : « Les verres sont là… voilà les tasses… et les assiettes. Les boissons sont de ce côté. Si tu as besoin d'autre chose, n'hésite pas à te servir. Fais comme chez toi. »

L'air de rien, pendant que vous lui montrez où se trouvent les boissons, ajoutez : « Je ne te demande qu'une chose. Il y a beaucoup de fourmis ici, alors toute la vaisselle doit aller directement au lave-vaisselle. » Pour résumer, vous venez de lui dire que vous n'êtes pas sa bonne et il ne s'est rendu compte de rien. S'il a soif, il sait qu'il peut se servir. Et s'il veut manger, il sait où trouver la vaisselle.

Ne vous mettez pas à sa disposition. Il n'appréciera pas vos efforts si vous êtes systématiquement à son service. En revanche, il vous sera reconnaissant de tout ce que vous faites, si c'est une manière pour vous de le remercier de ce qu'il vous apporte.

Principe de séduction n° 90

Les hommes ne respectent pas les femmes qui se mettent toujours en quatre pour leur plaire.

Parfois, pour casser la routine, il suffit de changer le jour ou l'heure de vos rendez-vous galants.

Il est très important de faire attention aux habitudes qui se créent dès le départ. Une étudiante prénommée Anne l'a compris à ses dépens. *Le premier symptôme de la routine est l'impression d'être dans l'expectative.*

C'était le cas d'Anne : « Je voyais Sylvain plusieurs fois par semaine. Il m'appelait sur mon portable après les cours, vers 17 heures, et on faisait des projets pour la soirée. Mais il s'est mis à m'appeler de plus en plus tard. J'étais sur des charbons ardents tout l'après-midi. J'ai laissé tomber beaucoup d'activités parce que je vivais dans l'attente. »

Si, comme Anne, vous êtes dans l'expectative, c'est parce que vous avez choisi de vous mettre dans cette position. Or, dès lors que votre partenaire sait que vous l'attendez, il vous fera toujours attendre. Heureusement, vous pouvez encore *casser la routine.*

Dans le cas d'Anne, la solution est simple. Elle doit être moins disponible et prévoir l'heure de leur rendez-vous au moins un jour à l'avance.

Il lui suffit de demander à Sylvain : « À quelle heure est-ce qu'on pourra se voir ? » Là, il sera tenté de dire : « Je t'appellerai demain après les cours. » Mais ce n'est pas une réponse. Elle devra insister : « Tu sais, je ne serai peut-être pas là et je ne voudrais pas te rater. Pourquoi ne pas décider de l'heure dès maintenant ? »

Fixez toujours l'heure de votre rendez-vous la veille. Si votre partenaire insiste pour vous rappeler plus tard, dites-lui que votre portable ne passe pas ou que vous ne pouvez pas prendre de communications personnelles au bureau.

Principe de séduction n° 91

S'il ne vous donne pas d'heure, ce n'est pas un rendez-vous.

Votre partenaire risque de rejeter la responsabilité sur un ami : « Mon pote passe chez moi demain soir. Ça fait longtemps que je ne l'ai pas vu. Je ne sais pas combien de temps il va rester et je ne peux décemment pas le mettre à la porte. » Dans ce cas, répondez simplement : « Pas de problème. Amuse-toi bien. On se verra un autre soir. » Encore une fois, ce qui fait réagir les hommes, c'est l'absence de contact.

Ne passez pas deux heures à attendre son coup de fil. Ce sont deux heures que vous pouvez consacrer à quelque chose qui vous plaît. La plupart des femmes qui travaillent, des mères ou des étudiantes ont un emploi du temps chargé qui ne leur permet pas de prendre deux heures *pour elles*. Et pourtant, c'est le temps qu'elles passent, sans broncher, à attendre un simple coup de fil.

Cassez la routine en bouleversant vos habitudes. Si vous appelez votre partenaire deux fois par jour et s'il n'a pas l'air particulièrement content de vous entendre, appelez moins souvent et plus sporadiquement. Si vous avez l'habitude de vous voir le week-end, proposez-lui un jour de semaine. Cette semaine, vous pouvez le voir mardi et vendredi. La semaine prochaine ? Jeudi et samedi.

Une femme mariée apparemment comblée, Marion, m'a confié un de ses secrets : « Quand j'ai l'impression que mon mari devient un peu distant, je m'échappe pour le week-end et je vais rendre visite à ma famille ou à des amis. Je lui dis le jeudi que je pars le vendredi et que je serai de retour le dimanche. Je l'appelle une fois dans le week-end pour lui dire où je suis. Et ça ne rate jamais ! Quand je rentre à la maison, je retrouve un petit mari attentionné. »

Voici encore quelques suggestions pour casser la routine :

- Si vous avez l'habitude d'appeler votre partenaire au bureau pour savoir quand il va rentrer, de temps à autre, soyez absente quand il arrive.
- Ne le tenez pas au courant de ce que vous faites à chaque moment de la journée.
- S'il vous appelle sur votre téléphone portable, ne vous précipitez pas pour répondre.
- S'il vous envoie un SMS, ne le rappelez pas dans les trente secondes. Attendez d'être de retour à la maison. Pour le moment, vous êtes occupée.
- S'il vous téléphone chez vous, n'arrêtez pas tout pour répondre. Laissez le répondeur prendre son message. Si vous êtes d'un naturel plus courtois, dites-lui à l'avance que vous ne serez pas disponible.
- Si vous êtes assise à côté du téléphone et faites vérifier votre ligne par le service des dérangements comme si votre vie dépendait son appel, débranchez l'appareil ! Prenez un bon bouquin ou louez un film.
- Si vous vivez ensemble, sortez et amusez-vous. Et restez quelques heures de plus que prévu à votre soirée. S'il s'attend toujours à ce que vous soyez à la maison à une certaine heure, rentrez un peu plus tard.

À partir du moment où il ne sait pas où vous êtes, il commence à vous chercher. C'est un chasseur. Il vous traque. Son instinct territorial prend le dessus. Mais si vous êtes à sa disposition, rien ne réveillera cet instinct. Son désir sera assouvi et il ne voudra rien de plus.

Principe de séduction n° 92

La meilleure façon de régler un problème consiste à ne pas lui dire que vous êtes en train de le régler. Cassez la routine, soyez moins disponible, mais ne dites rien – c'est inutile.

Étape nº 3 : retrouvez votre sens de l'humour

Si vous perdez votre sens de l'humour, c'est que vous avez fait le tour de la question. Vous connaissez tous les bons côtés de votre partenaire. Et maintenant, vous êtes obnubilée par les lacunes de votre relation.

Le sens de l'humour est une qualité très sexy. Les hommes ne le disent pas forcément mais, quand vous perdez ce petit plus, ils s'en rendent compte. Au début, vous plaisantiez probablement davantage avec votre partenaire. Mais quand le défi intellectuel n'est plus d'actualité, le sens de l'humour non plus.

Pour faire réagir un homme ou le remettre à sa place, soyez drôle. Prouvez-lui de façon plaisante que votre confiance en vous en tant que femme *ne dépend pas de lui.*

Le sens de l'humour, ce n'est pas seulement trouver quelque chose de drôle à dire. C'est une tournure d'esprit qui repose sur la maîtrise de soi et montre que vous êtes bien dans votre peau. Inutile d'en rajouter jusqu'à ce qu'il se roule par terre en se tordant de rire. Il se dirait que vous en faites trop.

Principe de séduction n° 93

Le rire, c'est le début de la guérison.

Une femme qui plaisante est une femme sexy. Car l'humour suggère l'indépendance d'esprit. Non seulement vous pensez par vous-même, mais vous êtes capable de rire de ce qui se passe autour de vous. Si vous taquinez votre partenaire, il y a peu de chances qu'il vous croie dépendante.

Lorsqu'il vous met en boîte, c'est pour voir si vous avez toujours ce petit côté espiègle. Votre sens de l'humour le rassure et lui prouve qu'il n'est pas le seul à mener la barque.

Une de mes amies fréquentait depuis un petit moment un homme qui, un soir, a critiqué la couleur de son vernis à ongles. Elle lui a répondu : « Le service des suggestions est fermé pour la soirée. Mais vous pouvez faxer votre idée demain. Elle sera immédiatement archivée dans la boîte à idées. » (Et elle a montré du doigt la poubelle de cuisine.) Ces deux-là sont toujours ensemble et il est absolument fou d'elle. À ce jour, elle porte encore le même vernis à ongles.

L'humour désamorce les situations délicates et vous rend plus pétillante que jamais. Lorsqu'on vous fait une critique, ne soyez pas sur la défensive. Soyez désarmante.

Si vous savez rire de vous-même, votre partenaire aura encore plus de respect pour vous. Car il verra que vous croyez en vous. Par exemple, il peut se moquer de la façon dont vous avez garé votre voiture. Ce genre de plaisanterie affirme sa virilité. Restez détendue et riez avec lui. Vous lui plairez parce qu'il vous trouvera drôle et facile à vivre.

Même si vous êtes fagotée comme l'as de pique, vous lui ferez plus d'effet qu'une femme en déshabillé noir qui se met en quatre pour lui plaire. (Oui, même une femme qui porte des bas sexy et risque l'amputation parce que son sang ne circule plus.)

Les hommes politiques apprennent à utiliser l'humour pour convaincre et faire preuve d'assurance. Pendant sa campagne présidentielle, Ronald Reagan a été interrogé sur l'inconvénient d'être le candidat le plus âgé qui ait jamais brigué la Maison Blanche. Et il a répondu : « Je refuse d'exploiter à des fins politiques la *jeunesse* et le *manque d'expérience* de mon adversaire. »

Quand vous voulez remettre un homme à sa place, parlez-lui sur le ton de la plaisanterie. S'il va un peu trop loin, dites-lui simplement « je préfère ne pas relever » ou « je me demande comment je fais pour te supporter ». Ou bien demandez-lui s'il veut une jambe cassée ou deux…

Une de mes amies, Chantal, fréquentait un homme qui mettait la pagaille chez elle à chaque fois qu'il venait. Cela dit, ils avaient une vie sexuelle très satisfaisante. Un jour, elle l'a complètement snobé et s'est mise à faire la vaisselle. Et elle lui dit en plaisantant : « Plus je passe de temps à faire la vaisselle, moins nous passons de temps au lit. » Il s'est levé d'un bond pour l'aider.

Principe de séduction n° 94

Vous pouvez faire passer beaucoup plus de choses avec de l'humour qu'avec un visage fermé.

L'homme de votre vie vous observe. Il vous teste. Il regarde comment vous réagissez à la plaisanterie et à la critique. Il veut voir si vous êtes capable de vous défendre. Il veut voir si vous savez *vous faire respecter*.

Et puisque nous parlons d'humour, arrêtons nous un instant sur le mot *chieuse*. Le jour béni où il vous traite de chieuse, arrêtez tout et respirez à fond. Appréciez pleinement ce moment, souriez et dites-vous : « Maintenant, je sais qu'il m'aime *vraiment*. »

10

La chieuse nouvelle version

Guide de survie pour femmes trop gentilles

« Soyez toujours chaleureuse. Même quand vous vous sentez comme un seau de glace pilée. »

Ethel Merman

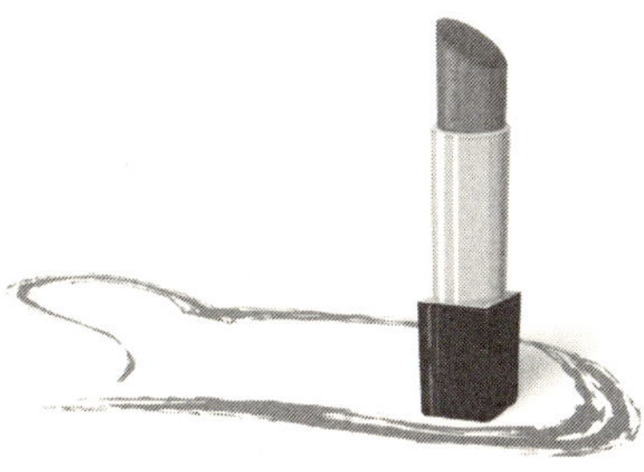

La chieuse ne se laisse pas marcher sur les pieds

La chieuse « nouvelle version » n'est ni méchante ni caustique. C'est une version améliorée de la chieuse telle qu'on l'imagine. Elle ne harcèle pas pour obtenir ce qu'elle veut. Elle s'exprime par ses actes et ne joue les chieuses que *lorsque c'est nécessaire*. Et surtout, elle n'est pas obsédée par le besoin de plaire à son partenaire ou aux autres en général. Alors qui est la chieuse « nouvelle version » ? En voici une définition :

> **Chieuse** (nom) : femme qui ne se frappe pas la tête contre les murs à cause de ce qu'on peut bien penser d'elle – qu'il s'agisse d'un homme ou de qui que ce soit d'autre. Lorsqu'on ne l'approuve pas, elle sait que ce n'est qu'une opinion parmi d'autres. Elle n'y attache donc pas grande importance. Elle ne vit pas en fonction des critères des autres mais des siens. Par conséquent, elle se positionne de façon différente par rapport aux hommes.

La chieuse a aussi une plus haute idée d'*elle-même*. Elle arrive sur le ring en se présentant comme un « adversaire de la même catégorie ». À l'inverse, face à une gentille fille, un homme se prend immédiatement pour un « poids lourd » et considère sa partenaire comme un « poids plume ». Une femme sûre d'elle, qui entre sur le ring et n'en sort pas sans avoir combattu, est respectée même si elle perd. Parce qu'elle montre qu'elle a du *cran*.

La chieuse a un comportement que les hommes comprennent. Elle parle à son partenaire comme il parle à ses amis, ce qui, encore fois, montre qu'elle joue dans la même cour. Elle est capable de communiquer sans tourner autour du pot. Elle est directe. Comparons avec la gentille fille :

LA GENTILLE FILLE	LA CHIEUSE
Elle essaie d'obtenir ce qu'elle veut en lui léchant les bottes. Et si ça ne marche pas, elle pleure, crie et boude.	Elle ne mâche pas ses mots. Elle énonce ses préférences de façon directe et lui fait savoir ce qu'elle accepte et n'accepte pas en ce qui concerne la façon dont elle entend être traitée.
Elle joue la carte de la culpabilité ou parle de l'enfant qui est en elle et se sert de ce côté enfantin.	Elle est adulte et ne fait pas l'enfant. Elle a la tête sur les épaules.
S'il la blesse, elle pleure. Ensuite, elle lui demande des excuses et lui fait promettre de ne jamais recommencer.	Elle prend ses distances et garde un silence éloquent. Elle communique quand elle est prête à le faire, selon ses propres conditions. Ensuite, elle lui fait savoir que cela ne se reproduira pas sinon elle ne serait déjà plus là.

Elle se dit : « Il ne l'a pas fait exprès. » Ou elle lui trouve des excuses lorsqu'il a un comportement désagréable.	Elle remarque tout de suite son manque de respect et le met sur la sellette sans hésitation.
Elle s'oblige à faire des choses qu'elle n'aime pas faire pour lui plaire. De plus, elle garde le sourire et fait semblant que cela lui plaît.	Elle ne fait rien qu'elle n'aime pas faire et n'hésite pas à lui donner son opinion. Ils sont sur un pied d'égalité.
Femme docile = manque de respect	Femme désirable = davantage de respect

Vous entendrez rarement deux hommes conclure une conversation sur : « Tu m'as profondément blessé. » Entre eux, l'expression qui se rapproche le plus est probablement : « Tu me les brises menu ! »

Imaginez qu'un homme emprunte de l'argent à un ami et ne lui rembourse pas. Les deux hommes ne vont pas se lancer dans une grande discussion. S'ils ont une conversation, celle-ci sera brève et directe, et se terminera sans doute par : « Va te faire voir, sale con ! » Ensuite, ils arrêteront tout simplement de se voir et on n'en entendra plus parler.

La chieuse dit les choses telles qu'elles sont et les hommes apprécient cette façon de communiquer Pour eux, la colère n'est pas un signe de faiblesse. Au contraire, ils se disent qu'une chieuse a davantage de sang-froid qu'une femme émotive, considérée comme faible ou hormonalement instable en raison de son cycle. La chieuse sait ce qu'elle veut. Et elle a de l'esprit.

Lorsque vous prononcez le mot CHIEUSE, évitez d'employer un ton péjoratif. D'après certains experts, à l'origine, ce nom était un acronyme : **C**ompagne **H**yper **I**ntraitable **E**t **U**nanimement **S**uper **E**nvoûtante. Le seul titre plus élevé et plus gratifiant est celui de « Chieuse Longue Durée ». Il s'agit d'un titre honorifique décerné à la femme que l'homme va garder. Au pire, il va la garder parce qu'il s'est tellement investi pour elle qu'il ne peut pas la laisser partir. Et parce qu'il est toujours en train d'essayer de la conquérir.

Principe de séduction n° 95

Un homme a le sentiment d'avoir conquis une femme à partir du moment où celle-ci lui mange dans la main. Et c'est là qu'il commence à s'ennuyer.

La chieuse n'est jamais complètement conquise

Finalement, pourquoi les hommes adorent-ils les chieuses ? Parce qu'ils n'ont jamais le sentiment de les avoir tout à fait conquises. Alors, ils essaient encore. Certains hommes essaient toute leur vie.

Lorsqu'une femme courbe l'échine devant son partenaire, c'est quasiment une invitation aux mauvais traitements. Charlotte a toujours tout fait pour son partenaire, Thomas. Mais celui-ci commençait à se désintéresser d'elle.

Alors elle a tenté de le reconquérir en organisant une fête pour lui sur la plage. Elle a invité tous ses amis. Puis elle a décidé de débourser 3 000 euros pour faire tracer, par avion, un message dans le ciel. Deux avions ont donc dessiné un gros cœur, suivi des mots : « Je t'aimerai toujours. » Ce spectacle émouvant a duré une demi-heure. À la fin, tout le monde était époustouflé – sauf Thomas (qui avait malheureusement téléphoné une heure plus tôt pour dire qu'il ne pourrait pas venir). Il était déjà trop tard pour que Charlotte puisse se faire rembourser la fortune qu'elle avait dépensé. Elle a essayé d'annuler, mais c'était impossible. Les avions avaient déjà décollé et se dirigeaient vers la plage.

Voilà ce qui se passe quand une femme est *trop gentille* et se laisse mener à la baguette. *Elle favorise les comportements répréhensibles*.

Si la gentille fille perd la tête, la chieuse, elle, fait perdre la tête à son partenaire. Celui-ci la trouve mystérieuse, précisément parce qu'elle garde son sang-froid. Il pense à elle sans cesse, ne se lasse pas d'elle et finit par se dire qu'il ne peut plus vivre sans elle.

Il existe une différence importante entre les hommes et les femmes : les femmes recherchent la sécurité et la prévisibilité, tandis que les hommes recherchent l'aventure, le danger et l'imprévisibilité. Enfant, la gentille fille jouait à la poupée Barbie. Elle a grandi avec l'idée qu'elle vivrait, elle aussi, « heureuse jusqu'à la fin de ses jours ». Les garçons, quant à eux, s'identifient à des personnages qui vivent dangereusement, comme Superman, Spiderman ou Batman.

Toutes les mères affirment que les garçons sont plus difficiles à élever que les filles, surtout s'ils sont plusieurs. Comment expliquer cela ? C'est simple, pour les garçons, tranquillité est synonyme d'ennui. À l'âge adulte, ils relèvent toujours de nouveaux défis et font tout pour se mettre en danger. Et c'est ce goût pour le danger qui les pousse dans les bras d'une chieuse.

Principe de séduction n° 96

La légère tension créée par la chieuse donne à son partenaire l'impression d'être en danger. Il n'est pas très sûr de lui parce qu'il n'a aucune emprise sur elle.

Réfléchissez aux objets qui plaisent aux hommes : les couteaux de poche, les articles de sport, les magazines de science-fiction, les petites voitures de collection, les outils électriques et autres lampes torches rechargeables (votre rôle est de vous pâmer d'admiration : « Whaoh ! Rechargeable ? »).

N'oublions pas la collection *inestimable* de petits soldats de plomb (« Renversante ! ») et tout ce qui permet de faire de la vitesse : voiture, jet-ski et moto.

La gentille fille fait tout pour que son partenaire se sente à l'aise – à tort. Les hommes s'ennuient très facilement. Une relation sans risque et routinière leur semble monotone. Avec la chieuse, ils ne tombent pas dans la monotonie.

En ignorant le besoin de stimulation, de danger ou de défi de son partenaire, la gentille fille adopte la politique de l'autruche. Quand une autruche voit arriver un prédateur, au lieu de le combattre, elle plonge la tête dans le sable. Et elle se fait « bouffer ».

La chieuse s'attaque de front à son adversaire, tandis que la gentille fille se met la tête dans le sable. Autrement dit, la chieuse voit ce qu'il y a voir, tandis que *la gentille fille voit ce qu'elle veut voir*.

Dès le premier mois, la gentille fille se met en quatre pour son partenaire : elle lui fait un massage des pieds. Elle lui prépare le petit déjeuner. Elle va faire sa lessive et son repassage. Elle lui lit des poèmes et veut faire des câlins toute la journée. Ensuite, il la jette et elle se dit : « Comment a-t-il pu me faire ça ? »

De nombreuses femmes pensent que les hommes veulent qu'elles fassent… ce qu'ils leur disent de faire. C'est vrai, en théorie. Mais en pratique, lorsqu'ils obtiennent ce qu'ils veulent, *ils s'en lassent presque immédiatement*. Dès qu'un homme se dit que vous ne verrez jamais le mal en lui et que vous êtes prête à tout accepter, il ne vous désire plus. Vous perdez tout votre pouvoir sexuel.

Ne vous la jouez pas non plus « demoiselle en détresse ». Comme un homme me l'a très justement fait remarquer : « Quand on sauve une demoiselle en détresse, tout ce qu'on obtient, c'est une demoiselle en détresse. »

Enfin, ne croyez pas qu'il soit nécessaire de raconter votre vie pour montrer à votre partenaire que vous l'aimez vraiment. Vous le fatiguerez avec vos histoires et il se dira : « Oh, non ! Un pot de colle. Et il va falloir que je me la tartine à longueur de journée. » À partir de là, il espacera ses appels, puis arrêtera complètement de vous appeler – après avoir couché avec vous évidemment !…

Principe de séduction n° 97

Une femme qui dit « oui » à tout donne l'impression qu'elle croit davantage en son partenaire qu'en elle. Pour lui, c'est un signe de faiblesse et non de gentillesse.

Quand la gentille fille devient dépendante de son partenaire et le met sur un piédestal, elle se fait une image de lui que même lui n'a pas. Résultat : il est très mal à l'aise parce qu'il sait (mieux que personne) qu'il n'est pas un « chevalier blanc ».

Cela dit, il comprend que c'est son fantasme, alors il essaie de se montrer à la hauteur. Il fait des efforts pour être romantique, mais il ne tarde pas à se demander si elle est vraiment sincère. « Comment est-elle en réalité ? Elle ne peut pas être aussi gentille. » Il craint de s'être laissé abuser. Avec la chieuse, tout est vrai. Personne ne risque de subir un retournement de situation après avoir mordu à l'hameçon. Son partenaire la teste une ou deux fois, et elle le remet à sa place. Alors il se dit : « Celle-ci est loin d'être idiote. Elle ne va avaler mon baratin. »

Elle l'a vu tel qu'il est. Elle a vu « le pire » et elle l'aime quand même. Lui aussi, il a vu le « pire ». Il n'a donc pas peur des mauvaises surprises. Quand il est avec elle, son côté « chieuse » le dérange parfois, mais il sait qu'elle joue franc jeu.

La chieuse se définit de l'intérieur

Eddie Murphy a dit lors d'une interview : « Le meilleur conseil que j'aie jamais entendu, c'est: ne suis pas les conseils des autres. » C'est vous qui tenez les rênes. Vous avez le contrôle de votre vie. Cela ne signifie pas que vous deviez être fermée à l'influence des autres mais simplement que c'est vous qui prenez la décision finale.

Si vous en êtes consciente, vous serez perçue comme une femme indépendante. Mais si vous perdez votre indépendance d'esprit, les hommes vous arracheront les rênes des mains et vous réduiront à l'état de chiffe molle. *Dès l'instant où vous laissez quelqu'un d'autre vous dicter votre conduite, vous êtes à sa merci.*

De même, si vous laissez un homme prendre les décisions qui concernent votre carrière, vos rêves ou vos aspirations, vous limiterez considérablement votre évolution personnelle. *Vous ne serez que la personne qu'il vous permettra de devenir.*

Principe de séduction n° 98

Gardez votre indépendance d'esprit et ne laissez aucun homme vous limiter en tant que personne.

Qu'il s'agisse de vos goûts, de vos besoins ou de la façon dont vous gagnez votre vie, ne laissez personne prendre le contrôle de votre vie. C'est à vous de définir qui vous êtes.

Si vous gardez votre indépendance d'esprit, vous attirerez les personnes et les événements positifs comme un aimant. De plus, vous exercerez un effet dissuasif sur les personnes négatives qui essaieront de vous distraire de vos objectifs. Il y aura toujours des individus pour planter de mauvaises graines dans votre jardin, *si vous les laissez entrer.*

Se faire respecter n'implique pas nécessairement une confrontation verbale. Il s'agit uniquement de ne pas gaspiller son énergie pour des personnes négatives.

Principe de séduction n° 99

La chieuse n'explique pas pourquoi elle veut être respectée. Elle ne s'engage tout simplement pas avec quelqu'un qui ne la respecte pas.

Cela peut paraître évident aux personnes qui ont de l'amour-propre, mais c'est précisément ce dont manque la gentille fille. Elle s'engage sans hésiter avec un homme qu'elle connaît à peine. Elle couche avec lui dès le premier soir. Et ensuite, elle attend qu'il lui dise ce qu'elle vaut en tant que femme. Elle est pourtant la seule à le savoir.

La gentillesse est une qualité. Mais vous ne pouvez pas être gentille avec un homme dont le comportement va à l'encontre de vos propres intérêts. Dans ce cas, vous devez être gentille envers *vous-même* soit en rectifiant la situation, soit en coupant les ponts avec cet homme.

La chieuse peut être très douce et très féminine, mais cela ne l'empêche pas d'avoir de la dignité. Elle sait montrer, avec la plus grande courtoisie, qu'elle ne se laisse pas manipuler. Et elle ne se définit pas en fonction de ce que les autres pensent d'elle.

Mon amie japonaise, Masae, a encore des difficultés à parler notre langue, mais s'est très bien fait comprendre de son petit ami. Elle illustre merveilleusement la grâce et la tranquillité de la chieuse.

Elle fréquentait depuis quelque temps un garçon du quartier, dont c'était l'anniversaire. Elle avait donc décidé de lui préparer un repas japonais. Elle lui a fait une soupe miso, plusieurs types de sushis et deux plats épicés de sa région. Ce fut une hôtesse exemplaire. Mais la seule chose qu'il lui a dite, c'est que la sauce au soja était trop salée : « La prochaine fois, prends celle qui a un couvercle vert. Elle est moins riche en sodium. »

Masae, très étonnée, a gardé son calme, mais lui a répondu : « Je fais cuisine pour toi. Si tu te plains, je ne fais pas. » Depuis ce jour-là, elle n'a que des compliments.

Eleanor Roosevelt a dit : « Personne ne peut vous rabaisser sans votre consentement. » Un individu positif dit des choses positives.

En sa compagnie, vous rechargez vos batteries. Vous le trouvez formidable et, avec lui, vous avez le sentiment d'être vous aussi quelqu'un de formidable. Voilà le genre de personne avec qui vous devez construire une relation. Les autres n'en valent pas la peine. Plus vous êtes indépendante d'esprit, plus vous êtes séduisante. C'est cette qualité qui vous rend si envoûtante. Quand vous vous réveillez le matin, vous êtes heureuse. Votre force vitale et votre aura rejaillissent sur tous les aspects de votre vie.

Malheureusement, les médias ne donnent pas cette image de la femme. Au contraire, ils essaient de nous faire entrer dans un moule : « Portez ça parce que c'est sexy. » (Changez de chaîne de télévision si vous entendez cela.) « Adoptez ce look à tout prix. » (Changez de chaîne.) « Cette couleur naturelle est faite pour vos cheveux. » (Changez de chaîne.)

Quand une femme est sûre d'elle, elle s'affirme telle qu'elle est sans se préoccuper de l'opinion des autres. Elle a son propre look. Son propre style. Son propre charisme. Son propre charme. Les hommes aiment ce qu'ils ne voient pas tous les jours. Pas en termes de couleur de cheveux mais de *capacité à penser par soi-même*.

Avec les femmes, beaucoup d'hommes se comportent comme des dresseurs de fauves. C'est comme s'ils prenaient une chaise pour les faire reculer.

Alors, lorsqu'ils rencontrent une femme qui sait s'imposer, ils agissent différemment. Ils sont intrigués par cette attitude à laquelle ils ne sont pas habitués.

La chieuse n'a pas peur d'être différente. Elle n'a pas envie d'être une perle sur un collier de perles. Elle n'est pas là pour satisfaire les désirs d'un homme. Et puis elle n'a pas peur d'arriver à la trentaine ou à la quarantaine. À n'importe quel âge, elle se sent désirable. Elle ne cède pas à la pression des médias.

Ce n'est pas parce qu'elle n'est plus une adolescente qu'elle craint d'être rangée parmi les vieilles peaux. Mariée, célibataire ou divorcée, elle se sent bien dans ses baskets.

La chieuse « nouvelle version » n'est pas une femme revêche. Elle n'est pas caustique. En Italie, on dit *È tutto fumo e niente arrosto*. Littéralement, cette expression signifie : « Il y a beaucoup de fumée mais rien ne rôtit. »

Quand une femme est caustique ou quand elle en fait trop, ce n'est généralement qu'une façade. La chieuse « nouvelle version » est véritablement forte. Elle sait être gentille, mais elle exige autant de gentillesse en retour.

La chieuse a beaucoup de volonté et une grande confiance en elle

Lorsque j'ai interrogé des hommes pour écrire ce livre, je ne savais pas à quoi m'attendre. Je pensais que certains allaient réagir par rapport au titre et me dire : « Les hommes n'aiment pas les chieuses ! » Mais c'est tout le contraire qui est arrivé. Ils ont quasiment tous confirmé leur préférence pour les femmes qui ont du caractère. Certains m'ont expliqué pourquoi. D'autres se sont posé la question sans trouver de réponse. Mais plus de 90 pour cent d'entre eux n'ont même pas songé à me contredire.

Votre partenaire ne peut pas vous en vouloir de penser d'abord à vous, car c'est une attitude qu'il respecte. Si vous êtes indépendante, vous ne représentez pas un poids supplémentaire sur ses épaules.

Il sait que votre bonheur ne dépend pas entièrement de lui. Vous n'êtes à la merci de personne, car vous savez ce que vous voulez.

Jusqu'à présent, vous avez fait passer votre partenaire avant vous parce que vous aviez l'impression que vous ne comptiez pas ? Grave erreur…

La vie, c'est la cour d'école des grands. Imaginez : à l'école primaire, un gamin malmène sans arrêt un de ses camarades. Il lui donne une claque, lui pique son goûter et s'enfuit en courant.

Si son camarade lui avait mis une claque à son tour avant de récupérer son goûter, il n'aurait plus jamais recommencé (il aurait même mérité une petite claque supplémentaire juste pour avoir cru qu'il allait s'en tirer à bon compte).

La chieuse applique ce principe dans la vie de tous les jours. Certains individus essaieront de vous malmener – un collègue, un membre de votre famille, un ami et même votre partenaire. Mais au lieu de convoiter votre goûter, c'est votre confiance en vous qu'ils essaieront, consciemment ou non, de vous voler.

Ne perdez jamais votre confiance en vous. Si vous avez un objectif, un rêve ou une aspiration, croyez en vous dès le début et vous aurez déjà fait la moitié du chemin.

Au cours de votre vie, certaines personnes tenteront d'ébranler cette confiance. Mais souvenez-vous qu'elles n'y parviendront que si vous les laissez faire.

Quoi qu'il arrive, gardez toujours la tête haute et continuez à avancer. Ne laissez personne ébranler votre confiance en vous parce que, dans le fond, c'est *tout* ce que vous avez.

Principe de séduction n° 100

La plus grande qualité
d'une femme, c'est la dignité.

11

Prenez le contrôle de vos émotions

Questions-réponses : le courrier des lectrices

« Ne laissez personne devenir votre priorité tout en vous laissant devenir leur possibilité. »

Nina Potts-Jefferies

Folles d'amour

Les hommes disent souvent qu'ils trouvent que les femmes sont folles ou émotionnellement instables ; certains hommes les classent même par catégories. Selon eux, la palette du caractère féminin peut aller de *légèrement* irrationnelles… à complètement psychopathes. Les hommes aiment se retrouver sur un parcours de golf ou autour d'une bière et faire des commentaires sur leur dernière conquête : « J'ai rencontré une fille et on dirait qu'elle gère à peu près ses hormones. » Vous avez peut-être aussi remarqué qu'ils parlent toujours d'une de leurs ex ; vous savez, cette ex qui s'est mise à mordre et qui s'est transformée en dragon, ce qui a mis fin à leur relation. Il n'avait bien sûr rien à voir là-dedans, il s'est toujours comporté comme un véritable petit ange…, toujours gentil et attentif…, et un jour il s'est réveillé à côté de l'Exorciste.

C'est peut-être pour cela que les femmes se sentent coupables de tout. Je ne sais pas combien de fois j'ai entendu des femmes me dire : « Je foire toutes mes relations. Je crois que quelque chose ne va pas chez moi. » Elles ont droit à la psychanalyse du petit ami (le thérapeute autoproclamé) et, en un rien de temps, il les persuade qu'elles ne se connaissent plus elles-mêmes. « Il me dit que je me comporte comme une dingue et que je ne suis pas normale. Je crois que je suis un peu folle. » Puis elles prennent un fouet et se flagellent, encore et encore.

Une femme qui a confiance en elle se moque d'une remarque aussi ridicule. Si un homme disait à une chieuse qu'elle est « un peu folle », elle lui répondrait qu'il devrait s'estimer heureux de sa bonne fortune : « C'est vrai, et tu as vraiment de la chance que je sois juste un peu folle. Ça aurait pu être pire parce que la plupart des autres chieuses sont complètement psychopathes. Je te raconte pas ce qu'elles pourraient te faire… »

Quand une femme sait rire d'elle-même, ne prend pas les choses trop à cœur et garde le contrôle de ses émotions, elle semble plus « stable », saine et digne de confiance. Dans ce cas, un homme se dit qu'il y a une chance pour que les choses puissent avancer.

Chère Sherry,

Je fréquente un homme depuis un certain temps et, durant les premiers mois, j'ai cru que j'étais morte et que j'étais au paradis. Il était romantique et merveilleux. Il appelait tous les jours, on parlait pendant des heures et on s'est même dit qu'on se voyait bien rester ensemble pour toujours. Je ne lui ai rien demandé, il a fait l'offre lui-même et c'est pourquoi je suis tellement perdue. Après avoir couché avec lui, j'ai remarqué un changement : je voulais qu'on se voie plus souvent que lui ne le voulait ; il avait toujours du temps pour ses amis, sa famille et son travail, mais il en avait de moins en moins pour moi. Du coup, je l'appelle de plus en plus, je lui envoie de plus en plus de mails et je me sens rejetée la plupart du temps. Qu'est-ce qui cloche chez moi ?

Une Gentille Fille Anonyme

Ce chapitre a pour but d'aider la femme qui est gentille avec tout le monde… sauf avec elle-même. Elle croit que tout ce qui lui arrive de négatif est de sa faute. Pour vous aider à contrôler vos émotions (ou, comme disent les hommes, à « gérer vos hormones »), lire ce que d'autres femmes vivent pourra être utile. L'histoire qui suit va peut-être vous sembler familière…

Revenons sur ce début « romantique et merveilleux » parce que c'est là qu'il y a eu méprise. Pour commencer, quand un homme vous voit pour la première fois, il faut que vous compreniez bien que dans la majorité des cas il vous perçoit comme un sex-toy. Ce n'est pas que les hommes ne finissent pas par tomber amoureux, ça leur arrive. Mais ça arrive *plus tard*. Même quand vous voyez un homme marié, avec le minivan, le hamac porte-bébé et un nouveau-né qui se balance dans son dos…, ce n'est pas le but qu'il s'était fixé. Au début, l'objectif était d'enlever les vêtements de la femme. C'est une créature au sang chaud et pleine de testostérone. Et à cause de *ses hormones*, il n'a que trois émotions. Il sera :

- grincheux ;
- affamé ;
- excité.

Dès lors, tout ce qu'il dit dans les premiers temps l'est probablement dans le seul but d'obtenir le résultat tant désiré : s'allonger dans la chambre à coucher. C'est comme des préliminaires rituels : vous portez du parfum…, il vous ouvre la portière de la voiture…, vous lui dites que vous n'avez connu que trois hommes dans toute votre vie (en le regardant droit dans les yeux)… et il vous dit qu'il cherche une vraie relation et que vous avez toutes les qualités que les autres n'avaient pas. Il fait sa publicité.

Je vous propose une comparaison : pensez à lui comme à un animal de cirque qui fait des tours devant un public, un phoque ou une otarie dans un centre aquatique.

Quand un phoque jongle avec un ballon de plage sur son nez, il n'essaie pas de prouver à quel point il est agile, il ne le fait pas non plus pour impressionner le public ; il ne le fait que pour une raison : recevoir du poisson.

C'est la même chose pour un homme : s'il vous invite à dîner et s'il envoie des fleurs, imaginez qu'il jongle avec une balle sur son nez. Certains hommes le font mieux que d'autres… et certaines otaries peuvent même claquer des nageoires trois fois avec la balle sur le nez. Tout ça dans un seul et unique but : recevoir la récompense. S'il veut le nonos, il faut qu'il fasse le beau !

La plupart des femmes disent : « Je ne veux pas coucher avec un homme qui ne cherche pas une relation sérieuse. » Si vous le faites, vous lui procurez les munitions qu'il utilisera contre vous : s'il a vu un seul épisode de *Sex and the City*, il sait que des phrases bien placées à propos de « l'amour et de l'engagement » sont un aller simple pour la chambre à coucher. Les hommes regardent ce genre de choses pour savoir ce que les femmes veulent entendre ; comme ça, ils peuvent le leur servir ensuite.

Voyons ce que Charles nous explique : « Les hommes disent très peu de choses et les femmes “se jettent dessus”. Un type est en train de dire quelque chose de très banal et la seconde d'après elle croit que ses rêves deviennent réalité. » Les hommes pensent que les femmes s'illusionnent toutes seules. Il émet une idée et c'est vous qui faites le reste.

Comme le dit Charles : « Les femmes sont amoureuses avant même de rencontrer le type. » Bien sûr, ça ne veut pas dire qu'il ne vous aime pas, qu'il ne vous adore pas, qu'il ne pense pas que vous êtes ce qu'il y a de plus sexy. Ce que ça veut dire, c'est que, pour continuer à coucher avec vous, les hommes vont vous tromper sur leurs intentions d'engagement à long terme.

Une pointe d'indifférence crée un déclic et le rend accro

Il y a un moyen d'avoir une véritable relation, mais coucher avec le type tout de suite et lui annoncer que vous voulez une « relation » ou l'autoriser à vous passer une laisse pour caniche autour du cou n'est pas le bon moyen d'y arriver. Au contraire, vous devez le désarçonner. Comment ? En gardant vos émotions sous contrôle. Pourquoi ? Parce que ce n'est *pas* ce à quoi il est habitué.

Pour commencer, tout ce qu'il faut, c'est *une pointe d'indifférence*. Si un homme ne connaît pas votre vie (totalement) et s'il n'est pas certain de savoir ce que vous voulez dans la vie, il vous respecte plus et vous traite mieux. Ça l'attire parce que ce n'est pas comme d'habitude, il n'a pas « la main ». Voici le « comment » : vous devez pouvoir rester assise à côté d'un homme en l'embrassant et en vous pelotant… et en même temps vous devez *rester émotionnellement hors de portée*. Même si vous êtes assise *sur* ses genoux, votre cœur doit rester enfermé dans le coffre de votre voiture, à côté du pneu de rechange.

Vous pouvez être sensuelle et tendre, mais arrêtez de vous dire : « C'est le bon ! » Et arrêtez de raisonner : « Il est différent, je ne m'étais pas sentie comme ça depuis des années. » Essayez plutôt de penser : « J'ai envie d'en savoir plus. Je m'amuse bien, mais si ça ne marche pas, il y a d'autres poissons dans l'océan. »

La plupart des femmes démarrent au quart de tour et montrent qu'elles sont trop impliquées trop tôt. Peu après, elles s'effondrent (toutes seules), ce qui entraîne cette remarque masculine : « Elle ne contrôle pas du tout ses émotions. » Ou, comme l'explique Antoine : « Quand je rencontre une femme et que je sors avec elle quelques fois, je me demande : "Qui est aux commandes ? Elle… ou ses émotions ?" » Si ce sont vos émotions, vous serez à sa merci. C'est un truc de mec. Ils apprennent très vite que montrer trop d'émotions est signe de faiblesse. Ils respectent les femmes qui sont fortes. Il faut donc que vous surveilliez de près les émotions que vous laissez paraître.

Par conséquent :

La recette de l'échec :
Pas de contrôle émotionnel =
tout faire pour le garder = il fait ce qu'il veut.

La recette du succès :
Contrôle émotionnel = contrôle
sur la manière dont il vous traite et contrôle
sur le respect qu'il vous témoigne.

Les hommes pensent que si vous êtes profondément attachée tout de suite et que vous ne contrôlez plus vos émotions, vous *accepterez presque n'importe quoi* (même si vous le regretterez plus tard). Et vous lui trouverez même des excuses : « Il est vraiment très occupé avec son travail » ou « Il sort tout juste d'une relation ».

Un homme est plus enclin à traiter une femme comme un sex-toy ou un trophée quand elle manque de contrôle sur ses émotions et qu'elle achète son baratin. Pour lui, c'est comme s'il faisait un tour de manège… gratis.

En d'autres termes, il va continuer à la voir, mais au moment où ça l'arrange. Quand une femme s'attache trop *à cause de ses émotions*… ou laisse voir qu'elle ne se contrôle pas après l'amour *à cause de ses émotions*… ou s'attend à une fin de conte de fées *à cause de ses émotions*…, elle se met toute seule dans la casserole.

À l'inverse : si elle se montre moins tolérante et garde la tête froide, elle l'intercepte quand il essaie de « la conditionner » à recevoir moins d'attention.

La première fois qu'il essaie de venir la voir tard dans la soirée, elle l'arrête à la porte : « Ne m'appelle pas cinq minutes avant de venir me voir. Bien que ça me touche que tu me trouves un moment dans ton emploi du temps bien rempli, préviens-moi un peu plus tôt la prochaine fois, s'il te plaît. » Là, elle marque des points.

Un homme soupèse et évalue toujours une femme. Il veut savoir si vous vivez dans un conte de fées et si vous voulez devenir « princesse » ou si vous êtes indépendante, avec la tête sur les épaules et vos propres ambitions.

S'il ne sait pas tout de votre vie et ne sait pas exactement à quoi s'attendre, il vous respectera plus et vous traitera mieux. Vous ouvrez alors la voie royale pour qu'il s'attache à vous et pour qu'il tombe amoureux.

Ainsi donc :

Intensité émotionnelle…	vs	Une pointe d'indifférence…
S'il sent que vous êtes à 100 % accro dès le premier mois…		S'il voit que vous êtes curieuse, que vous voulez en savoir plus sur lui et que vous ne réagissez pas comme la plupart des femmes…
… il va penser que c'est lui qui a le contrôle. Du coup, il y trouve moins d'intérêt et il vous voit moins. Il va commencer à cerner ce qu'il peut se permettre. S'il se comporte d'une manière peu courtoise, c'est qu'il estime que vous lui pardonnerez.		… il se dit : « Je me demande pourquoi elle ne marche pas. »
		Alors, il va commencer à vous voir comme une personne à part entière et pas juste comme un sex-toy. Il va commencer à se dire : « Tiens, il y a quelque chose d'intéressant chez elle. » Vous gardez son attention.

Le plus important est de sortir de ce qu'il a l'habitude de voir. Quand un homme constate que vous gardez vos distances, même un peu, que vous restez hors de portée et que vous ne lui donnez pas le « plein accès », il devient accro, et vous gardez son intérêt. Il n'a pas l'emprise mentale à laquelle il est habitué parce qu'il n'a pas encore gagné, et ça le rend accro. Vous devenez alors un véritable défi : « Je dois me montrer à la hauteur si je veux avoir celle-ci. » C'est comme ça que vous obtenez une cour dans les règles de l'art.

Certaines femmes dévoilent tout de suite leur manière de voir une relation et elles veulent en parler. La lettre suivante en est un exemple.

Chère Sherry,

J'ai ma propre carrière, ma propre vie et les hommes le voient. Je leur dis que je ne tolérerai aucune entourloupe. Je leur dis clairement que je veux être qui je suis. Je veux pouvoir dire ce qui me rend heureuse ou malheureuse. Je veux pouvoir parler de tout et n'importe quoi. Si c'est le bon, ne devrait-il pas vouloir que je sois moi-même ? Je suis une forte femme et je crois que j'intimide les hommes.

Gentille Fille Anonyme

Les hommes n'ont pas peur des fortes femmes. Michel m'a dit : « Les hommes n'ont pas peur des fortes femmes, ils ont peur des femmes qui ont des mâchoires trop musclées et des cordes vocales hyperactives. » Il m'a aussi raconté une anecdote :

> « Beaucoup de femmes ne se rendent pas compte que leur pire ennemi est leur bouche. Si une femme n'arrête pas de râler et de se plaindre, elle peut bien être la plus belle femme du monde que ça n'arrangerait rien. [Traduction : elle ne gère pas ses émotions.] Je me rappelle un *blind date* où je suis allé chercher une femme, puis nous avons roulé pendant 40 minutes pour rejoindre deux autres couples au restaurant. Pendant tout le trajet, elle n'a pas arrêté de dire : "J'ai faim, je meurs de faim. J'ai faim, je meurs de faim. On arrive dans longtemps ?" Elle savait très bien où était le restaurant et combien de temps ça prendrait pour y aller. Mais elle m'a cassé les pieds tout le temps du trajet et n'a pas arrêté de se montrer contrariée. Avant d'arriver au restaurant, j'avais déjà décidé de ne plus sortir avec elle. »

Moins vous vous exprimez oralement, mieux c'est. Plus vous parlez, moins vous pouvez comprendre ce qu'il fait et quel est son parcours. Pour un homme, la pire compagne est celle pour qui, malgré tous ses efforts, rien n'est jamais assez bien.

Vous irez bien plus loin en « évitant les radars » et en jouant la carte de la féminité. Votre féminité désarme les hommes, car elle les rend très vulnérables. Les hommes n'ont pas peur des femmes fortes… Ils sont déconcertés par les femmes qui ont *perdu leur féminité*. Dolly Parton est une des femmes d'affaires qui réussissent le mieux et elle est une auteur-compositrice reconnue à Nashville. Elle a donné une interview très intéressante dernièrement, où elle explique : « Beaucoup d'hommes pensaient que j'étais aussi bête que j'en avais l'air. Je ressemble à une femme, mais je pense comme un homme. Et dans le monde des affaires, ça m'a beaucoup aidée. Pendant qu'ils se disent que je ne comprends pas ce qui se passe…, j'ai déjà récupéré l'argent et je suis partie. » Sa féminité la rend indétectable. Elle a toujours un coup d'avance parce qu'elle évite les radars.

En règle générale, évitez d'annoncer clairement ce que vous voulez. Non seulement vous dévoilerez votre stratégie, mais vous enlèverez tout le mystère de la relation. Si vous avez un problème, parlez-en au moment opportun. Si sa réaction ne convient pas, partez. Mais ne déclarez pas *abruptement* à un homme (que vous connaissez à peine) ce que vous aimez et ce que vous n'aimez pas. Si vous le faites, beaucoup d'hommes vont utiliser l'information pour vous manipuler. Ils feront ce que vous aimez jusqu'au moment où ils obtiendront ce qu'ils veulent. Ou bien ils vont s'en servir pour se faire pardonner quand ils auront fait un faux pas. Voilà comment ça se passe…

Chère Sherry,

Je vis une relation qui s'arrête et qui reprend sans cesse. C'est un cercle vicieux. Nous avons cette relation malsaine depuis deux ans. Ça se passe très bien au lit, mais en dehors de la chambre à coucher, il se montre indisponible au niveau sentimental et la relation reste au point mort. Je l'ai quitté un million de fois, mais toujours il me poursuit avec des e-mails, des coups de fil et il débarque chez moi ou à mon bureau. Il me dit que cette fois ce sera différent et qu'il va changer. Il me supplie de ne pas le laisser et il me dit qu'il a besoin de moi. Je le reprends et il se tient bien pendant un jour ou deux, puis il retombe dans ses habitudes d'égoïste. Je l'aime vraiment, mais ce manège commence à me rendre folle.

Gentille Fille Anonyme

Si jamais un homme lit cette histoire, il doit être vert de jalousie. « Tout ce sexe… pour rien en retour ? »

Si une relation est intermittente dès la première année, c'est un signe évident que vous perdez votre temps.

Il n'est pas « chaud/froid » parce qu'il ne se décide pas. Il est « chaud/froid » parce qu'il vous manipule.

Arrêtons-nous pour une définition :

LA RELATION « CHAUD/FROID »
QUAND IL EST « CHAUD », IL VOUS MANIPULE.
QUAND IL EST « FROID »,
IL VOUS MONTRE SA VRAIE NATURE.

Si vous vous dites : « Si seulement on pouvait se retrouver et coucher ensemble, alors ça deviendrait une véritable relation », vous l'aidez à vous manipuler.

Quand un homme que vous connaissez depuis un petit moment ne vous appelle qu'une fois par semaine, vous ne pouvez pas penser : « Super ! Mon plan fonctionne enfin », car ce qu'il a en tête, c'est : « Cool, je peux coucher avec celle-là une fois tous les 15 jours » et il essaie de trouver une autre femme avec laquelle il pourra faire de même entre-temps. Beaucoup de femmes me disent : « Mais je tiens vraiment à ce mec. C'est électrique avec lui. Comment puis-je attirer son attention ? » Elles ne veulent pas reconnaître que « ce mec » les manipule, ou qu'il est juste comme ça.

Une des questions qui reviennent le plus souvent est : « Comment arrêter de penser à lui et ne plus être aussi impliquée ? » Si vous êtes au régime, vous ne pensez pas toute la journée à du gâteau au chocolat, n'est-ce pas ? C'est pareil pour une relation.

De nombreuses femmes sont tellement paralysées par la peur de perdre un homme qu'elles pensent à lui sans cesse. Sortir de cette obsession malsaine résout 90 % du problème et met fin à votre supplice.

Une fois que vous n'êtes plus obnubilée, votre homme le sent. Vous obtenez alors en général ce que vous voulez. Vous reprenez la main.

Si vous voulez contrôler vos émotions, vous devez contrôler vos pensées. Comme l'a dit Eleanor Roosevelt : « Faites ce que vous croyez ne pas pouvoir faire. » Le meilleur moyen d'y arriver est de ne pas être trop attachée à un homme. Que vous soyez au début d'une relation tout en voulant garder les pieds sur terre, ou que vous soyez à la fin d'une relation en ayant besoin de vous en détacher, l'exercice suivant vous aidera. La clé est de ne plus penser à lui du tout, c'est le sevrage.

Comment arrêter de penser à lui

- Dès que vous pensez à lui, ARRÊTEZ.
- Remplacez-le dans votre esprit par une autre pensée ou par une activité.
- Ce doit être une pensée ou une activité positive.
- Le truc, c'est de vous distraire, tout de suite.
- Faites-le chaque fois qu'il apparaît dans vos pensées.
- Soyez créative : regardez votre émission préférée, préparez-vous votre plat préféré, allez à la gym ou sortez faire un tour.
- Chaque fois que vous pensez à lui, sans exception, débarrassez-vous du chagrin et de la douleur en faisant tout pour ressentir l'opposé. Adonnez-vous à quelque chose qui vous fait plaisir.

Si vous êtes au travail, prenez votre café préféré ; si vous êtes en voiture, mettez un disque que vous aimez. Quand les enfants pleurent, on les distrait avec un jouet, n'est-ce pas ? Vous devez rompre la spirale négative en vous concentrant sur des choses positives qui n'ont rien à voir avec lui. Si vous faites ça 10 fois par jour pendant quelques jours, vous allez rompre le cercle de l'obsession. C'est de cette façon que vous sortirez de ce calvaire et que vous vous remettrez d'aplomb.

Dans *Le Paradis perdu*, John Milton écrit : *« L'esprit est son propre lieu, et peut à lui seul faire du paradis un enfer et de l'enfer un paradis. »* Précédemment, nous avons vu qu'il ne fallait pas voir un nouvel homme trop de soirées consécutives, et les lectrices ont suivi ce conseil. Pourtant, il y a encore un problème : quand elles ne sont pas avec lui, elles pensent sans arrêt à lui, ce qui crée une dépendance malsaine. Autant emménager avec lui au bout d'une semaine si c'est pour penser à lui 24 heures sur 24.

Pendant que vous prenez du recul, pensez toujours à réévaluer votre « prise ». S'il ne vous donne toujours pas ce que vous attendiez, la question à vous poser est de savoir si vous voulez vraiment de lui. Il n'est peut-être qu'un sale gosse dans un corps d'adulte qui n'a jamais réussi à passer de « petit garçon » à « homme »…

Et sa maman lave toujours son linge, ce qui lui donne une fausse impression de grandeur.

Si vous tombez sur un tel homme, ne croyez surtout pas que vous n'êtes plus désirable. Relevez-vous, redressez la tête et dites-vous : « Il n'est pas celui que je croyais. Il faut que je m'en débarrasse et que j'investisse mon énergie ailleurs. » Comme le dit Maya Angelou, écrivain et actrice américaine militante pour les droits civiques : « Quand les gens vous montrent qui ils sont, croyez-les… la première fois. » Un homme bien ne se dit pas : « Comment faire pour recevoir quelque chose ? », il se dit : « Comment puis-je donner ? » Un homme bien veut que sa femme ou sa compagne soit heureuse émotionnellement. Une idée du genre : « Je suis bien assez viril pour satisfaire une femme » le dégoûte. Arrêtons-nous pour définir l'expression « être heureuse » : être heureuse, c'est ne pas se retrouver avec les miettes qu'on veut bien vous jeter.

Si c'est votre cas, ne le prenez pas personnellement, ce n'est pas de votre fait. Beaucoup de gens n'ont pas l'équipement de base pour avoir une relation et vous ne pouvez rien y faire. Vous ne pouvez pas plonger un putois dans du parfum en espérant qu'il va se changer en chiot.

Au bout du compte, le parfum va s'évaporer et vous vous retrouverez avec un putois sur les bras.

Faites toujours bien attention à qui est en face de vous ; ce que vous voyez, c'est ce que vous aurez. Son caractère ne changera pas ; sa carrière peut changer, sa garde-robe peut changer, ses priorités peuvent changer, son domicile peut changer. Mais son caractère ne changera pas.

Les hommes qui pensent que c'est normal de vous laisser les miettes n'ont pas l'équipement de base nécessaire pour une relation saine.

Quel est l'équipement émotionnel de base ?

- Avoir du caractère et le sens des convenances.
- Avoir des valeurs et les défendre.
- Avoir du respect pour les autres.
- Savoir reconnaître la gentillesse.
- Avoir une idée claire sur les proportions entre ce qu'une personne doit donner et recevoir.
- Être loyal envers ses amis.

Je me rappelle qu'un de mes professeurs avait dit : « Donnez de l'importance à ces gens…, ces gens qui vous donnent de l'importance. » Ce n'est pas si difficile, si tout le monde fait un petit effort. Si ça devient pénible, si vous vous sentez comme une esclave dans une relation, arrêtez de vous faire du mal. Se rendre malheureuse n'est pas une réponse. C'est vous qui décidez comment vous voulez être traitée. Vous avez peut-être l'impression d'être menottée et attachée, mais c'est vous qui avez la clé des menottes et vous pouvez les enlever sans problème.

Si vous voyez un homme depuis plusieurs mois et que vous le laissez vous voir une fois par semaine, pour coucher, et que vous attendez plus de la relation, c'est comme si vous lui disiez qu'il peut profiter de vous. Vous ne devez pas coucher avec quelqu'un pour le récompenser ou pour évaluer une relation. Vous devez coucher avec un homme qui s'intéresse déjà à vous. Si les mois passent et que vous ne vous parlez pas au moins quelques fois par semaine, ce n'est pas une relation. C'est souvent à ce moment que l'instinct de la gentille fille débarque pour prendre les commandes, et voici ce que ça donne :

« Il était merveilleux au début. J'ai encore tout fait rater. Je dois… en faire plus…, travailler plus dur…, sauter plus haut… et prendre un fouet pour me flageller en me dévalorisant et en me disant que je n'en vaux pas la peine. »

La vie est assez difficile ; vous n'avez besoin de personne pour noircir le tableau et rendre les choses encore plus pénibles. Ce n'est pas toujours votre faute ; vous n'étiez peut-être pas bien assortis. Peut-être qu'il n'a pas l'équipement de base (et il n'y arrivera avec aucune femme).

Alors, rappelez-vous : gardez l'esprit ouvert et curieux pendant que vous apprenez à le connaître et préparez un parachute pour votre cœur. Avec un homme bien, si vous faites attention et si vous ne vous impliquez pas trop au début, vous saurez tout de suite à qui vous avez affaire, la crème remontera à la surface. Quand vous vous impliquez juste un peu, puis que vous attendez de voir ce que vous aurez en retour, celui qui en vaut la peine s'impliquera aussi en retour.

Si ça le refroidit, une pointe d'indifférence peut créer le déclic et il va s'inquiéter de ce que vous ressentez. Une femme sait combien un homme est intéressé s'il retient ce qu'elle aime et s'il fait des efforts pour lui faire plaisir.

C'est l'objectif : votre bonheur. Et la santé. Vous ne devriez jamais vous préoccuper de ce qu'un homme pense de vous jusqu'à ce qu'il vous prouve qu'il a envie de vous rendre heureuse. S'il n'essaie pas de vous rendre heureuse, renvoyez-le d'où il vient parce que vous ne gagnerez rien à faire sa conquête.

À la fin de la journée, bonheur, joie… et oui, votre « stabilité émotionnelle »… sont les seules unités de mesure dont vous ayez vraiment besoin.

Synthèse des principes de séduction de Sherry

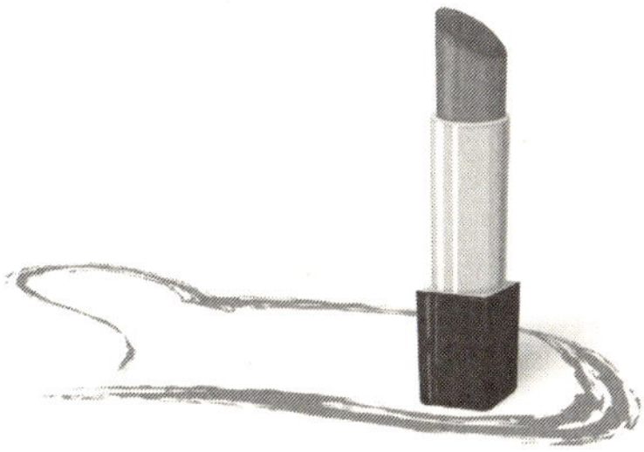

Principe de séduction n° 1

Suis-moi, je te fuis.

Principe de séduction n° 2

Les femmes qui obtiennent ce qu'elles veulent d'un homme ne sont pas nécessairement exceptionnelles. Seulement, elles savent feindre l'indifférence.

Principe de séduction n° 3

Une femme représente un défi intellectuel pour un homme dans la mesure où celui-ci n'a pas l'impression d'avoir une emprise totale sur elle.

Principe de séduction n° 4

Si un homme ne vous appelle pas, c'est peut-être uniquement pour voir comment vous allez réagir.

Principe de séduction n° 5

Si vous êtes dépendante, il ne s'intéresse plus à vous. Si vous lui échappez, vous représentez un défi à relever.

Principe de séduction n° 6

Les hommes adoptent envers vous l'attitude que vous avez envers vous-même.

Principe de séduction n° 7

Montrez-lui qu'il a gagné le gros lot et il sera conquis

Principe de séduction n° 8

Ce qui distingue le plus sûrement la chieuse de la gentille fille, c'est la peur. La chieuse montre aux hommes qu'elle n'a pas peur de vivre sans eux.

Principe de séduction n° 9

Amenée à choisir entre sa dignité et une relation, la chieuse ne sacrifie jamais sa dignité.

Principe de séduction n° 10

Une femme qui ne se donne pas facilement et ne semble ni docile ni soumise attise la convoitise.

Principe de séduction n° 11

Lorsqu'un homme est sur le point d'obtenir ce qu'il veut, il fait tout pour satisfaire son désir.

Principe de séduction n° 12

Un homme sait quel genre de femme est susceptible de céder à une requête de dernière minute.

Principe de séduction n° 13

Lorsque vous posez des conditions, vous montrez que vous avez des options. C'est ce qui fait de vous une femme fatale, et non une chiffe molle.

Principe de séduction n° 14

Si vous l'étouffez, il sera sur la défensive et cherchera une échappatoire pour préserver sa liberté.

Principe de séduction n° 15

Ne lui en demandez pas trop. Laissez-lui la liberté de donner ce qu'il veut donner et vous saurez qui il est.

Principe de séduction n° 16

La chieuse donne à son partenaire suffisammentd'espace pour qu'il ne se sente pas pris au piège. Ensuite... c'est lui qui la prend piège.

Principe de séduction n° 17

Si vous lui dites que vous n'êtes pas prête pour une relation sérieuse, il fera tout pour vous faire changer d'avis.

Principe de séduction n° 18

Donnez-lui l'impression d'avoir beaucoup d'espace pour qu'il baisse sa garde.

Principe de séduction n° 19

Il essaie de savoir avant tout si vous serezémotionnellement dépendante de lui.

Principe de séduction n° 20

Il doit avoir le sentiment que vous êtes avec lui parce que vous en avez envie et non parce que vous en avez besoin.

Principe de séduction n° 21

Lorsqu'un homme ne couche pas immédiatement avec une femme, non seulement il la trouve plus belle mais il prend le temps d'apprécier ce qu'elle est.

Principe de séduction n° 22

Le sexe n'a rien à voir avec l'« étincelle ».

Principe de séduction n° 23

Avant de coucher, les hommes sont azimutés et les femmes saines d'esprit. Après, ce sont les femmes qui sont azimutées et les hommes qui sont sains d'esprit.

Principe de séduction n° 24

Un homme veut d'abord coucher. Avoir une petite amie est une idée à laquelle il pense ensuite. En refusant de lui donner immédiatement ce qu'il veut, vous devenez sa petite amie sans qu'il s'en rende compte.

Principe de séduction n° 25

Un homme sait d'instinct dans quel état d'esprit se trouve la femme qui va coucher avec lui. Si elle ne pense qu'à le satisfaire, il le sent.

Principe de séduction n° 26

Les mauvaises habitudes sont plus faciles à prendre queles bonnes, parce que les bonnes exigent un effort conscient. L'attente favorise cet effort.

Principe de séduction n° 27

Si vous attendez la dernière minute pour dire non,il vous prendra pour une allumeuse.

Principe de séduction n° 28

Si vous n'êtes pas sûre de vous, ne faites pas semblant de l'être.

Principe de séduction n° 29

Ce qui fait fantasmer un homme de qualité, ce sont les femmes qui aiment authentiquement le sexe.

Principe de séduction n° 30

Lorsqu'une femme se met en concurrence avec une autre, elle se rabaisse.

Principe de séduction n° 31

Si c'est le bon, vous le saurez tout de suite.

Principe de séduction n° 32

Laissez-le croire qu'il commande.
Il fera tout ce quevous voudrez
simplement pour être admiré.

Principe de séduction n° 33

Si vous flattez gentiment son ego,
il n'essaiera pas d'obtenir du pouvoir
de façon agressive.

Principe de séduction n° 34

Si vous êtes douce et féminine,
vous réveillez soninstinct de protection.
Si vous êtes agressive, vous réveillez
son instinct de compétition.

Principe de séduction n° 35

Il laisse une chiffe molle payer le restaurant dès
les premiers rendez-vous, mais il n'y songerait
même pas avec une femme fatale.

Principe de séduction n° 36

En public, laissez-lui un pouvoir symbolique.
Le seul pouvoir qui compte est celui
que vous avez en privé.

Principe de séduction n° 37

Si vous lui donnez un sentiment
de pouvoir, il voudra vous protéger
et vous offrir le monde.

Principe de séduction n° 38

Lorsqu'une femme montre
qu'elle est capablede tout faire,
elle se retrouve à tout faire.

Principe de séduction n° 39

Les hommes ne réagissent pas aux paroles
mais à l'absence de contact.

Principe de séduction n° 40

En parlant trop de votre relation, vous tuez
l'inconnu et donc le mystère.

Principe de séduction n° 41

Les hommes aiment les femmes
qui communiquent de
façon concise car c'est ainsi qu'ils
communiquent entre eux.

Principe de séduction n° 42

S'il sait que vous êtes heureuse en toutes
circonstances, il se sentira plus libre.

Principe de séduction n° 43

Si vous cassez votre rythme,
vous créez un vide. Et pour remplir
ce vide, vous sollicitez votre
partenaire et devenez dépendante de lui.

Principe de séduction n° 44

La plupart des femmes attendent d'un homme qu'il leur donne ce qu'elles se doivent à elles-mêmes.

Principe de séduction n° 45

S'il ne parvient pas à vous arracher à votre vie, c'est que celle-ci vous satisfait et que vous n'êtes pas dépendante de lui.

Principe de séduction n° 46

Dès lors que vous faites des efforts pour répondre à ses critères, vous dénaturez la relation.

Principe de séduction n° 47

Si vous lui montrez que vous êtes prête à tout lui donner, il vous mènera à la baguette.

Principe de séduction n° 48

Ne vous enlisez pas dans des sables mouvants. Si vous ne gardez pas le contrôle de vous-même, votre relation est vouée à l'échec.

Principe de séduction n° 49

Si vous en faites trop, il aura l'impression de pouvoiravoir le beurre et l'argent du beurre. Gardezvos distances et il sera charmant.

Principe de séduction n° 50

La gentille fille renonce trop à elle-même dès lors qu'elle donne plus d'importance au plaisir de son partenaire qu'à son propre plaisir.

Principe de séduction n° 51

Si vous avez l'impression d'en faire trop, c'est que votre relation n'est pas saine. Sinon, tout serait beaucoup plus facile et moins contraignant.

Principe de séduction n° 52

Si vous le harcelez, il ne vous écoute pas. Pour qu'ilsoit attentif, communiquez par des actes.

Principe de séduction n° 53

Un homme qui ne fait pas attention à sa partenaire a tout de même besoin de savoir qu'elle est là.

Principe de séduction n° 54

Quand la routine s'installe, il finit par vous aimer comme sa mère. Autrement dit, vous risquez de faire partie du décor.

Principe de séduction n° 55

L'attention négative, c'est toujours de l'attention. Votre partenaire en déduit que vous êtes à disposition.

Principe de séduction n° 56

Si vous le traitez avec désinvolture comme si c'était un ami, il viendra à vous de lui-même. Car il ne veut pas copiner ;il veut vous séduire.

Principe de séduction n° 57

Un peu de distance mêlée à une bonne maîtrise de soi et il commencera à avoir peur de vous perdre.

Principe de séduction n° 58

Lorsqu'un homme considère que sa partenaire fait partie du décor, il s'intéresse encore à elle, mais il ne se mettra jamais plus en quatre pour elle.

Principe de séduction n° 59

Quand vous le harcelez, c'est vous le problème – et il le résout en faisant la sourde oreille. Si vous ne le harcelez pas, il résout le problème.

Principe de séduction n° 60

Si vous lui retirez ses corvées pour les confier à un autre homme, il voudra les récupérer.

Principe de séduction n° 61

Pour lui, harcèlement est synonyme de faiblesse.

Principe de séduction n° 62

Une femme émotive n'est pas attirante aux yeux d'un homme.

Principe de séduction n° 63

Si la familiarité conduit au mépris, la distance renouvelle le respect.

Principe de séduction n° 64

Il oubliera pourquoi il vous aime... si vous ne le lui rappelez pas.

Principe de séduction n° 65

Beaucoup de femmes parlent par nervosité, ce qui donne aux hommes l'impression qu'elles ne sont pas sûres d'elles.

Principe de séduction n° 66

Parler d'émotions est une contrainte pour votre partenaire. Or, lorsqu'il est avec vous, il a envie de se détendre.

Principe de séduction n° 67

En l'obligeant à parler d'émotions, vous lui donnezl'impression d'être dépendante. Résultat : il vous respecte moins et il est encore moins attentif à vos émotions.

Principe de séduction n° 68

Au début, s'il vous appelle de temps à autre, sachez vous en contenter car, de toute façon, il ne pourra pas dissimuler ses sentiments bien longtemps.

Principe de séduction n° 69

Les hommes traitent les femmes comme ils se traitententre eux. Ils se la jouent cool parce qu'ils ne veulent pas paraître faibles ou désespérés.

Principe de séduction n° 70

Les hommes considèrent la surprise, à l'intérieur ou à l'extérieur de la chambre, comme un élément important, qui pimente la relation.

Principe de séduction n° 71

Ne faites pas toujours la même chose au lit. Variez les plaisirs pour ne pas tomber dans la routine.

Principe de séduction n° 72

La plupart des hommes ne respectent pas les femmes trop malléables.

Principe de séduction n° 73

N'ayez pas peur de vous défendre
ni de dire ce que vous pensez.
Non seulement il vous respectera
mais vous lui plairez encore plus.

Principe de séduction n° 74

Beaucoup d'hommes partent du principe
que la chieuse assure au lit et que la
gentille fille est trop timide.

Principe de séduction n° 75

Quand un homme tombe amoureux, il se met
spontanément en quatre pour faire des
choses qu'il n'aurait faites
pour personne d'autre.

Principe de séduction n° 76

Il ne vous jugera jamais capable
de vous assumer si
vous ne commencez pas par vous
assumer financièrement.

Principe de séduction n° 77

Montrez-lui que vous n'accepterez pas
d'être maltraitée et il vous respectera.

Principe de séduction n° 78

Pour garder votre « carte grise », vous devez être capable de vous assumer – avec ou sans lui. Ne le laissez pas croire que vous êtes à sa merci.

Principe de séduction n° 79

Quand un homme considère une femme comme une petite fille ou une sœur dont il doit s'occuper, la passion s'efface. Comment pourrait-il faire l'amour à sa petite sœur ?

Principe de séduction n° 80

La possibilité de choisir la façon dont vous voulez vivre et être traitée vous donnera beaucoup plus de pouvoir que n'importe quel privilège matériel.

Principe de séduction n° 81

Quand l'un des deux membres du couple a l'impression que l'autre n'apporte aucune contribution, il n'a plus de respect pour lui ou pour elle.

Principe de séduction n° 82

La dépendance financière ne vaut pas mieux que la dépendance émotionnelle. Dans les deux cas, il peut avoir une emprise totale sur vous.

Principe de séduction n° 83

La beauté ne suffit pas à inspirer le respect. Elle séduit, mais c'est l'indépendance qui maintient l'intérêt.

Principe de séduction n° 84

Quand un homme fait des comptes d'apothicaire pour que vous ne profitiez pas de lui, c'est peut-être lui qui profite de vous.

Principe de séduction n° 85

On reconnaît un homme qui a de l'amour-propre à sa volonté de s'assumer.

Principe de séduction n° 86

Plus vous êtes indépendante de lui, plus il s'intéresse à vous.

Principe de séduction n° 87

Plus vous faites preuve d'impatience, plus la carotte qu'on vous fait miroiter s'éloigne.

Principe de séduction n° 88

Si vous vous effacez pour casser la routine, il viendra vers vous. Les hommes ne réagissent pas aux paroles mais à l'absence de contact.

Principe de séduction n° 89

*Ne récompensez pas
un mauvais comportement.*

Principe de séduction n° 90

*Les hommes ne respectent pas les femmes qui
se mettent toujours en quatre pour leur plaire.*

Principe de séduction n° 91

*S'il ne vous donne pas d'heure,
ce n'est pas un rendez-vous.*

Principe de séduction n° 92

*La meilleure façon de régler un problème consiste
à ne pas lui dire que vous êtes en train de le régler.
Cassez la routine, soyez moins disponible,
mais ne dites rien – c'est inutile.*

Principe de séduction n° 93

Le rire, c'est le début de la guérison.

Principe de séduction n° 94

*Vous pouvez faire passer beaucoup plus de choses
avec de l'humour qu'avec un visage fermé.*

Principe de séduction n° 95

*Un homme a le sentiment d'avoir conquis une femme
à partir du moment où celle-ci lui mange dans la main.
Et c'est là qu'il commence à s'ennuyer.*

Principe de séduction n° 96

La légère tension créée par la chieuse donne à son partenaire l'impression d'être en danger. Il n'est pas très sûr de lui parce qu'il n'a aucune emprise sur elle.

Principe de séduction n° 97

Une femme qui dit « oui » à tout donne l'impression qu'elle croit davantage en son partenaire qu'en elle. Pour lui, c'est un signe de faiblesse et non de gentillesse.

Principe de séduction n° 98

Gardez votre indépendance d'esprit et ne laissez aucun homme vous limiter en tant que personne.

Principe de séduction n° 99

La chieuse n'explique pas pourquoi elle veut être respectée. Elle ne s'engage tout simplement pas avec quelqu'un qui ne la respecte pas.

Principe de séduction n° 100

La plus grande qualité d'une femme, c'est la dignité.

Remerciements

Tout d'abord, je tiens à exprimer ma reconnaissance à mes parents, Aby et Judy Argov, les deux personnes qui comptent le plus dans ma vie.

Je remercie tout particulièrement Gary M. Krebs, directeur de la publication de Adams Media Corporation, pour son soutien tout au long de ce projet et ses conseils à la fois précieux et créatifs. C'est un honneur de travailler avec lui.

Je remercie également Bob Adams, qui a su s'entourer d'une équipe exceptionnelle dans sa maison d'édition. Tous mes remerciements à Carrie (Lewis) McGraw, directrice de la publicité, à Kate Epstein, assistante d'édition, à Laura MacLaughlin, responsable de la rédaction, et à Paul Beatrice, directeur artistique, pour sa vision créative et le magnifique design de la couverture. Je remercie en particulier Daria Perreault, responsable du service design, pour son talent créatif et tous les efforts qu'elle a fournis.

Je tiens aussi à exprimer ma gratitude à Ellen Fein et à Sherrie Schneider, co-auteurs de *Les Règles*, pour leur soutien et leur vote de confiance, et à les remercier d'animer avec moi « Dating Dilemnas ».

Je remercie également toutes les autres personnes qui m'ont apporté leur soutien : Belinda Foster, Don Gibb, Wings Hauser, Raye Hollitt, Peggy G. Miller, Lorin Roche et Lynn Sterba.

Je remercie toute l'équipe de KRLA et de KLSX pour m'avoir fait une place sur les ondes.

Je remercie vivement Bill Bruns, rédacteur en chef du *Palisadian-Post*, pour son rôle de mentor et l'opportunité qu'il m'a donnée d'écrire un article dans son journal.

Je remercie mon photographe, Jeff Hyman, pour sa gentillesse, que je n'oublierai pas ; Daniel Dydzak, grand avocat et grand ami ; Judy Mazel et Mike Cohn, qui m'ont mis le pied à l'étrier dans l'édition ; ainsi que Joel et Charlotte Parker de Parker PR, pour avoir cru en ce livre depuis l'idée de départ. Merci également à Christopher Napolitano, rédacteur en chef de Playboy Enterprises, pour m'avoir accordé ma première interview et donné l'opportunité de faire paraître ce livre dans son magazine.

Mes sincères remerciements à tous ceux qui m'ont fait part de leur expérience en vue de la rédaction de ce livre. Je remercie notamment mon amie Susanne Nissen, qui a écouté en riant chaque chapitre, malgré l'augmentation de ses factures de téléphone.

Je n'oublie pas Ben et Bryn Argov, à qui je souhaite la bienvenue parmi nous, ni Tigger, mon petit chat. Et enfin, je remercie chaleureusement l'homme de ma vie, qui m'a constamment soutenue et me fait toujours faire sourire.

Index

Du même auteur

Pourquoi les hommes épousent les chieuses

Vous voulez séduire un homme, pour longtemps ? Sherry Argov explique, point par point, ce qu'il faut faire pour transformer une relation occasionnelle en une véritable histoire sérieuse. Pour qu'il vous aime vraiment, vous pensez que vous devez jouer la gentille fille qui accourt dès qu'on la siffle ? Vous croyez qu'il faut être entièrement dévoué pour qu'il ait envie de passer plus d'une semaine avec vous ? C'est tout le contraire : soyez vous-même, soyez forte, gardez intact votre caractère, faites-vous respecter... bref soyez une chieuse, tout en lui donnant l'impression que c'est lui qui vous a conquise. Il ne pourra que succomber ! Sur le ton de l'humour et de la confidence entre copines, Sherry Argov révèle comment mettre les hommes à vos pieds... et pourquoi pas pour la vie ?

Le guide pour conquérir le cœur des hommes sans perdre son âme !

ISBN : 978-2-35288-533-7